人大芸窗
RENDAYUNCHUANG

新编21世纪高等职业教育精品教材·电子商务类

电子商务商品管理实务

（第二版）数字教材版

主　编／欧志敏　刘生娥

明德强技　立德树人守初心

战略引领　对接产业铸新才

数智赋能　智慧教学促创新

产教融合　协同育人筑匠心

PPT课件　电子教案　课程标准　习题试卷

中国人民大学出版社
·北京·

图书在版编目（CIP）数据

电子商务商品管理实务 / 欧志敏，刘生娥主编. 2版. -- 北京：中国人民大学出版社，2024. 11.
（新编21世纪高等职业教育精品教材）. -- ISBN 978-7-300-33490-5

Ⅰ. F760.4

中国国家版本馆CIP数据核字第2025U4J286号

新编 21 世纪高等职业教育精品教材 · 电子商务类

电子商务商品管理实务（第二版）

主　编　欧志敏　刘生娥

Dianzi Shangwu Shangpin Guanli Shiwu

出版发行	中国人民大学出版社		
社　址	北京中关村大街 31 号	邮政编码	100080
电　话	010–62511242（总编室）		010–62511770（质管部）
	010–82501766（邮购部）		010–62514148（门市部）
	010–62511173（发行公司）		010–62515275（盗版举报）
网　址	http:// www. crup. com. cn		
经　销	新华书店		
印　刷	北京溢漾印刷有限公司	版　次	2022 年 1 月第 1 版
开　本	787 mm × 1092 mm　1/16		2024 年 11 月第 2 版
印　张	14.5	印　次	2024 年 11 月第 1 次印刷
字　数	274 000	定　价	49.00 元

前言

商品是用于交换的劳动产品，也是商贸企业经营的核心内容。在电子商务迅猛发展的时代背景下，移动电商、跨境电商、农村电商、社交电商、新媒体电商等新型电商模式不断涌现。无论电商模式如何发展，电子商务归根到底是商务贸易活动，企业归根到底要通过商品的流通获取利润，因此，学习和研究商品管理的知识就显得十分重要。

然而，市场上缺乏商品知识相关的教材，特别是缺少具有电商特色的商品知识教材。在此背景下，编者根据高等职业教育电子商务人才的培养目标，以及企业的岗位要求和人才能力需求，组织有丰富教学和实战经验的教师，运用工作过程系统化的思维导向开发了本教材。本教材以电子商务商品知识为核心，以网店运营过程中商品管理的工作流程为主线，力求解决现有教材只重操作而忽略知识传授，或者只讲理论而缺乏实践的问题。

本教材具有以下特色：

（1）岗课融通。教材围绕电子商务专业人才培养方案，密切联系世界职业院校技能大赛电子商务运营赛项的技能要点，紧扣“1+X 网店运营推广”技能等级证书考点，以工作过程系统化为导向，阐述了电商领域商品管理的核心知识与技能，紧密结合当前行业发展的最新趋势，通过项目对接岗位职责与岗位要求，技能训练对接典型岗位任务，实现“岗课赛证”融通。

（2）科教融合。教材结合最新的科技进展和科研成果，把行业“五新”融入教材，让读者在学习过程中就能接触到行业的尖端知识，激发探索欲和创造力。运用融媒体技术，优化课程标准、微课、课件、教案、习题等数字资源，实现对传统教材的创新升级，提高教与学的效率和质量。

（3）价值引领。教材以习近平新时代中国特色社会主义思想为引领，落实立德树人根本任务，构建知识、能力、素养三维目标，挖掘提炼专业知识体系中所蕴含的思想价值和精神内涵，通过课程案例、拓展阅读、微课视频等形式的融入，实现启智润心、润物无声的育人效果。

（4）产教融合。在广东工贸职业技术学院—京东产教融合战略合作协议下，教材编写依托省级高职教育示范性产业学院，京东朝禾教育科技有限公司（京东教育研究院）协同参与规划教材大纲、职业能力需求分析，以及工作任务设计，将实际工作场景和案例引入课程，实现校企深度协作、产教融合。

（5）AI 拓展。教材结合各项目的具体目标，创新性地融入人工智能技术，打造了一系列“AI+”拓展任务。通过精心设计的案例与实践，学生不仅能深入理解项目核心知识，还能亲手操作，体验 AI 在解决实际问题中的应用。从数据分析到智能决策，从自动化处理到优化方案，每项任务都旨在激发学生的创新思维与问题解决能力，为培养未来科技领域的复合型人才奠定坚实基础。

教材由“双高计划”建设单位广东工贸职业技术学院欧志敏和刘生娥担任主编，欧志敏负责内容框架的设计与统稿，并负责项目二、项目三、项目四的编写，刘生娥负责项目一和项目五的编写。京东朝禾教育科技有限公司乔治参与规划教材大纲、职业能力需求分析，以及工作任务设计，将实际工作场景和案例引入课程，确保教材既易于开展教学，又具备很强的实用性。此外，非常感谢中国人民大学出版社的编辑在教材开发过程中的悉心指导及帮助。

由于编者水平有限，时间仓促，书中不妥之处在所难免，衷心希望广大读者批评指正！

编者

《电子商务商品管理实务（第二版）》
人大芸窗数字教材平台资源说明

人大芸窗数字教材平台是中国人民大学出版社汇聚教学名师、优秀教材和优质资源全力打造的“内容 + 平台”一体化数字化教学产品，提供与传统教学紧密衔接、可扩展、智能化的数字化教学方案。

《电子商务商品管理实务（第二版）》数字教材资源

◎ 电子教材：对应纸质教材页码，划重点、做笔记，教学和学习可多终端同步

◎ 教学课件：每个项目均配有 PPT 课件，提供给教师教学作为参考

◎ 教学大纲：名师权威大纲，提供给教师教学作为参考

◎ 教学指南：本项目重难点分析、本项目提要、教学目标、学习目的与要求、考核目标与具体要求

◎ 教学案例：提供 24 个教学案例，对重点内容进行案例分析

◎ 知识点库：以知识点为主线串联所有习题以及部分教学资源，便于考核知识点掌握情况，用于教师和学生的课前备课预习，课堂教学和课后复习，测评等

◎ 教学题库：配有填空题、单选题、多选题、判断题、简答题等多种题型。所有习题匹配对应知识点、答案、难易程度，可做智能化作业和测试

人大芸窗数字教材平台使用方法

◎ 通过扫描教材附带二维码（数字卡附在教材封二）或登录 http://www.rdyc.cn/，激活教材数字卡，获取学习资料。

目　录

项目一　商品品牌管理

项目背景

小明计划经营一家网店，但他没有任何开店经验，因此感到十分迷茫。他不知道应该怎样创立属于自己的品牌；在注册网店的时候，应该如何根据品牌给自己的网店命名；怎样才能让品牌更好地发展。

品牌是消费者对网店及其产品、售后服务、文化价值的一种评价和认知，是一种信任。品牌也是商品综合品质的体现和代表，当人们想到某一品牌的同时总会和时尚、文化、价值等联想到一起。网店在创品牌时不断地创造时尚，培育文化，随着企业的做强做大，不断从低附加值向高附加值升级，向产品开发优势、产品质量优势、文化创新优势的高层次转变。

如何正确理解品牌？如何发挥品牌的作用？如何进行品牌的设计？如何传播和延伸品牌？带着这些问题，我们一起来学习商品品牌管理的相关知识。

职业岗位

岗位名称：品牌策划

岗位职责：

1. 定期分析市场情况，并提出有效的品牌推广建议。

2. 负责企业的品牌创意设计及品牌策划工作，形成策划方案。

3. 根据品牌定位方向，参与新品开发，完成和优化产品包装及配套物料的创意设计及调性。

4. 做好企业品牌的保护工作，规范公司品牌形象的使用，监督、指导相关部门涉及品牌使用部分的工作。

5. 根据立项要求，完成一个品牌从调研、定位、文化概念化、视觉系统化到视觉衍生产品化的方案。

任务一　分析品牌案例

任务目标

• 知识目标：

理解品牌的概念，了解品牌的特征，了解品牌的作用，掌握品牌的分类，区分品牌与商标。

• 能力目标：

能够对品牌的内涵进行分析。

• 素养目标：

培养学生的民族情怀，树立品牌意识，增强讲好中国故事的能力，建立民族品牌自信。

案例导入

希音的爆红密码

SHEIN（希音）三年内席卷全球市场，2023 年前三季度营收达 240 亿美元，占美国 40% 快时尚份额，超 ZARA、优衣库，在全球 54 个国家的 iOS 购物 App 中排名第一。2014 年在确定品牌化发展路径后，2015 年创始人果断将 SheInside 更名为更易记忆的 SHEIN，展现其决心与远见。

近年来，SHEIN 还经常举办各种活动来提高品牌形象和声量。如虚拟音乐节 together fest、设计师挑战真人秀 SHEINX 100k 等。这些活动在 SHEIN 自己的 App，以及 Facebook、Twitter、youtube、Instagram 等平台上播出，并进行大量的营销。

思考：

1. 2015 年希音为什么要把品牌名称更换成 SHEIN？

2. 品牌对电商企业的发展具有什么作用?

知识介绍

一、品牌的概念

菲利普·科特勒在《市场营销学》中，把品牌定义为销售者向购买者提供的特点、利益和服务的组合。品牌是无形资产，通过抽象化的心智概念表现差异性。品牌包括产品或服务内外的标准或规则，是识别系统的总称，本质是为目标受众带去价值。品牌对电商企业至关重要，是市场话语权的关键。品牌由名称和标志构成。

动画
商品品牌

想一想

你最喜欢的电商品牌有哪些？

知识拓展

行业五新——商品品牌领域的新工艺

在数字经济背景下，商品品牌领域出现了许多新的工艺，这些新工艺不仅提升了产品的功能性，还增强了品牌的市场竞争力。一个具体的例子是激光（镭射）纹理加工技术，这是一种先进的表面处理工艺，广泛应用于Logo和品牌标识的制作中。激光纹理加工利用高能激光束对材料表面进行精确雕刻，可以创造出复杂的图案、纹理甚至是立体效果。这项技术的优势在于它能够提供极高的精度和细节再现能力，同时适用于多种材质，包括金属、塑料和木材等。对于品牌来说，这意味着可以在产品上实现独一无二的设计元素，增强品牌的辨识度和吸引力。

想一想

你喜欢的那些品牌对你来说意味着什么呢？

二、品牌的特征

（一）品牌专有性

品牌是用来识别某个销售者或某群销售者的产品或服务，并使之与竞争对手的产品和服务相区别的标识。品牌拥有者经过法律程序的认定，享有品牌的专有权，有权要求其他企业或个人不能仿冒、伪造。

（二）品牌的价值性

品牌是一种无形资产，它能够为企业带来额外的收益。品牌的价值不仅体现在其市场开拓力和形象扩张力上，还在于它可以作为商品在市场上进行交易。

（三）品牌发展的风险性和不确定性

品牌在其成长过程中面临着市场的变化和需求的提高所带来的风险。这种风险可能源于产品质量的问题、服务水平的下降或是品牌资本的盲目扩张等因素。因此，品牌的发展并不是一帆风顺的，需要谨慎管理。

（四）品牌的表象性

品牌必须通过物质载体来表现自己，使其能够被消费者识别。这包括文字、图案、符号等直接载体，以及产品的质量、服务、知名度等间接载体。优秀的品牌往往在这些方面都有出色的表现。

（五）品牌的扩张性

品牌具有识别功能，可以代表一种产品或一个企业，并帮助企业在市场上进行扩张。通过利用品牌的知名度和信誉度，企业可以推出新产品或进入新的市场领域。

三、品牌的作用

品牌的作用可以从多个角度来阐述，以下主要从品牌对买卖双方的不同作用来加以说明。

（一）品牌对电商企业的作用

品牌对电商企业具有至关重要的作用，主要体现在以下几个方面：

（1）品牌能够增强企业的市场竞争力。通过品牌建设，电商企业可以在激烈的市场竞争中凸显自身的独特性，吸引并留住顾客，从而在消费者心中建立信任和偏好。

（2）品牌有助于提升商品的附加值，使得企业可以通过品牌效应提高售价，获取更大的利润空间。

（3）品牌化促进了跨境电商企业的转型升级，使其从单纯的价格竞争转向提供更高价值的服务和产品，进而推动企业的长期发展。

（4）强大的品牌可以为企业带来定价权，并有助于企业在不同的国际市场中树立形象，扩大市场份额，特别是在新兴市场中，品牌对于引导消费趋势和创造需求尤为关键。

小提示

品牌具有多种作用，卖家要有品牌意识！

（二）品牌对买家的作用

品牌对买家的作用主要体现在信任建立、购买决策辅助及消费体验提升上。

（1）品牌通过其知名度和信誉度建立起消费者的信任感，消费者往往更倾向于选择那些他们熟悉且信赖的品牌，因为他们相信这些品牌会提供高质量的产品和服务。

（2）品牌形象和品牌联想帮助消费者简化购买决策过程，特别是在信息过载的情况下，品牌成为一种质量的保证和选择的依据。此外，品牌还能与消费者产生情感共鸣，激发他们的情感需求，使消费者在购物过程中获得更多的满足感和归属感。

（3）良好的品牌管理能够确保产品的一致性和可靠性，提高顾客满意度，并促进重复购买行为，增强顾客忠诚度。因此，品牌不仅影响着消费者的初次购买决定，也关系长期的消费习惯和偏好形成。

四、品牌的分类

品牌可以依据不同的标准划分为不同的种类。

（一）根据品牌知名度的辐射区域划分

根据品牌的知名度和辐射区域，可以将品牌分为地区品牌、国内品牌、国际品牌。

地区品牌是指在一个较小的区域之内生产销售的品牌，例如，地区性生产、销售的特色产品。这些产品一般在一定范围内生产、销售，产品辐射范围不大，主要是受产品特性、地理条件及某些文化特性影响。

国内品牌是指国内知名度较高，产品辐射全国，在全国销售的产品品牌。

国际品牌是指在国际市场上知名度、美誉度较高，产品辐射全球的品牌。

（二）根据品牌产品生产经营的不同环节划分

根据品牌产品生产经营的不同环节，可以将品牌分为制造商品牌和经营商品牌。制造商品牌是指制造商为自己生产制造的产品设计的品牌。经销商品牌是指经销商根据自身的需求和对市场的了解，结合企业发展需要创立的品牌。

（三）根据品牌来源划分

根据品牌的来源，可以将品牌分为自有品牌、外来品牌和嫁接品牌。自有品牌是企业依据自身需要创立的。外来品牌是指企业通过经营、兼并、收购或其他形式而取得的品牌。嫁接品牌是指通过合资、合作方式形成的，带有双方品牌的新产品。

（四）根据品牌的生命周期长短划分

根据品牌的生命周期长短，可以将品牌分为短期品牌和长期品牌。

短期品牌是指品牌生命周期持续较短时间的品牌，由于某种原因在市场竞争中昙花一现或持续一时。

长期品牌是指品牌生命周期随着产品生命周期的更替，仍能经久不衰、永葆青春的品牌。

（五）根据品牌产品内销或外销划分

根据品牌产品是针对国内市场还是国际市场，可以将品牌划分为内销品牌和外销品牌。由于世界各国在法律、文化、科技等方面存在巨大差异，一种产品在不同的国家市场上有不同的品牌，在国内市场上也有单独的品牌。品牌划分为内销品牌和外销品牌对企业形象整体传播不利，但由于历史、文化等原因，不得不采用，而对于新的品牌命名应考虑到国际化的影响。

（六）根据品牌产品的所属行业划分

根据品牌产品的所属行业不同，可将品牌划分为家电业品牌、食用饮料业品牌、日用化工业品牌、汽车机械业品牌、商业品牌、服务业品牌、服装品牌、网络信息业品牌等。

除了上述几种分类外，品牌还可以依据产品或服务在市场上的态势划分为强势品牌和弱势品牌等。

五、品牌与商标

品牌与商标之间存在着紧密而又复杂的联系。商标是品牌的法律标识，它通过注册获得法律保护，确保企业在市场上的独特性和专属性。而品牌则是一个更广泛的概念，它不仅包含商标，还涵盖企业的价值观、文化、产品质量、服务水平等多方面的内容，形成消费者对产品或服务的整体认知和情感联系。品牌建设需要通过一系列的营销活动来塑造和维护，包括但不限于广告宣传、公关事件、客户服务等，从而建立起消费者的品牌忠诚度。尽管商标是品牌的一部分，但一个强大的品牌往往能够赋予商标更高的价值和意义，使商标不仅仅是一个法律保护的对象，更是企业与消费者之间建立深厚关系的桥梁。因此，商标与品牌虽有区别，但在商业实践中，两者相互依存，共同促进企业的发展。

小提示

大家要注意品牌和商标的不同！

任务实施

典型岗位任务：品牌案例分析

企业在进行品牌策划与管理的过程中，应该定期分析市场上现有同行品牌的情况，知己知彼，才能脱颖而出。在对市场上品牌分析的过程中，应该进行充分的调研，能明确其品牌含义，能合理分析及评价该品牌，提出可行性建议，从而指导自有品牌的创立和发展。

任务目的

通过对知名品牌的案例进行分析，理解品牌的重要性，培养品牌意识。

任务内容

选择一个感兴趣的品牌，对该品牌进行分析。

任务要求

在品牌案例分析的过程中，需要结合本任务的知识，明确品牌的含义和作用，做出合理的评价并提出可行的建议。

任务步骤

第一步：理论回顾

回顾品牌的基本概念、品牌的特征、品牌的作用、品牌的分类。提供一些成功的品牌案例，简要分析它们是如何利用品牌策略获得市场优势的。

第二步：分组与选题

分成小组，每组 4～5 人。每个小组选择一个感兴趣且具有代表性的品牌作为研究对象。确保所有小组选择的品牌类型多样，涵盖不同行业和市场定位。

第三步：资料搜集

指导每个小组搜集所选品牌的背景资料，包括历史、产品线、目标市场、竞争对手、营销活动、消费者反馈等。通过网络资源、书籍、期刊文章和官方材料收集相关信息。

第四步：品牌分析

分析品牌的核心价值主张、品牌定位和差异化策略。评估品牌的市场表现，包括市场份额、客户满意度和品牌忠诚度。识别品牌面临的挑战和机遇。

第五步：小组讨论与准备报告

小组内部讨论分析结果，基于理论知识提出品牌改进或创新的建议。准备一份包含分析和建议的 PPT 报告，强调品牌案例对理论知识的应用。

第六步：展示与反馈

每个小组向全班展示他们的分析报告和建议。其他小组和教师提供反馈和提问，促进批判性思考和深入讨论。

第七步：总结与评分

总结各小组的亮点和需要改进的地方。根据报告的质量、分析深度和提出的建议进行评分。

第八步：课后反思

撰写个人实训总结，分析从此次实训中学到的关键点，以及对未来职业发展的启示。

任务评价

序号	测评内容	分值	自评	小组评
1	品牌明确	10		
2	商标明确	10		
3	品牌含义明确	20		
4	品牌作用明确	20		
5	能对品牌进行合理分析，并做出合理评价	20		
6	素养目标的达成	20		
合计		100		

案例评析

希音在2015年决定全面更换品牌名称为SHEIN，主要是为了提升品牌的识别度与记忆度，更好地适应其国际化战略。新名称更简洁、易记，有助于在全球市场中建立更强大的品牌影响力。同时，这一决策也标志着希音品牌形象的升级和战略方向的调整，使其更符合快时尚市场的定位和发展趋势。

品牌对电商企业的发展具有至关重要的作用。它不仅能够帮助企业建立信任和声誉，区分竞争对手，提高销售和忠诚度，还能够赋予企业价格弹性，扩大市场份额，并降低市场营销成本。此外，强大的品牌还能够支持产品多样化，为企业带来更多的合作机会，进一步推动电商企业的成长和发展。因此，电商企业应高度重视品牌建设，积极塑造和维护良好的品牌形象。

课后复习与思考

1. 什么是品牌?
2. 品牌的特征有哪些?
3. 品牌的作用有哪些?
4. 品牌的分类有哪些?
5. 品牌与商标的区别是什么?

任务二　设计品牌标志

任务目标

- 知识目标：

了解品牌品名设计的原则，掌握品牌命名的策略，了解品牌标志设计的原则，列举品牌标志的分类。

- 能力目标：

能够为店铺进行品牌名与品牌标志的设计。

- 素养目标：

培养学生的乡村振兴情怀，树立品牌助力“三农”发展的意识，增强为乡村振兴发展助力的能力。

案例导入

小米的设计理念

互联网公司命名常寓情怀与愿望，小米便是佳例。其名简单易记，深含寓意。雷军初拟名红星科技，以红星象征创业决心，后因一些原因改名为小米，寓意“小米加步枪”的以小博大精神，符合其经济实用、亲民战略。小米公司 2010 年 4 月成立，专注高端智能手机、互联网电视研发，秉持“为发烧而生”理念，首创用户联网开发模式，60 万发烧友参与改进。小米标志设计简约而用心，mi 对应中文名，“MI”寓意移动互联网公司与应对挑战之突破力。Logo 倒看似少一点的“心”，寓意让消费者更放心、省心。

思考：

1. 小米的品牌设计遵循了哪些原则？
2. 品牌设计对企业的发展有什么作用？

知识介绍

品牌命名是创立品牌的第一步，一个好的品牌名称是一家企业、一间网店、一种商品拥有的永久性的精神财富。一个好的品牌名称不仅可以帮助消费者进行品牌认知，还可以在消费者的认知中建立相应的品牌联想。当然，前提是必须依据商品品类及一些独特点来选择一个恰当的名称。

一、品牌品名设计原则

（一）易于传播原则

易于传播原则是创造品名的核心，做到易识别、易传播、易记忆。从心理学的角度讲，易传播的品牌名称字数不应超过 4 个，在选字时尽量不要用生僻字或谐音字，因为越难传播的名称，其推广宣传的成本就越高。如“婴婉游泳馆”，多数人难以读准，不便于传播推广。

吹响乡村振兴品牌化号角

动画

品牌设计

知识拓展

行业五新——商品品牌领域的新技术

在数字经济背景下，商品品牌领域出现了许多新技术，如大数据分析、人工智能、物联网（IoT）、增强现实（AR）和虚拟现实（VR）等。这些技术正在改变品牌的创建、推广和消费体验的方式。

以人工智能为例，它在品牌领域的应用尤为突出。AI 可以通过分析大量的消费者数据来预测市场趋势和顾客偏好，帮助企业精准定位目标客户群，并定制个性化的营销策略。此外，AI 还能够自动化处理客户服务请求，通过聊天机器人提供即时响应，提高客户满意度。更进一步，利用机器学习算法，品牌可以实现动态定价策略，根据实时供需情况调整价格，最大化利润或市场份额。

（二）易于联想原则

一个优秀品牌的品名是能够引发消费者的联想的。要想使消费者朝着设计好的方向联想，就需要设计有丰富内涵的品名。在品名设计时，既要让名称蕴含企业所要传达的理念，又要在用词方面达到一定的抽象程度，要确保该品名可以引发消费者的联想。

小提示

有这么多品牌品名设计原则，看来给品牌命名可不能随随便便！

（三）易于延伸原则

易于延伸原则，是指品名能扩展到商品系列的其他商品上。一个优秀品牌的品名设计既要符合产品定位和品牌定位，又要兼顾企业经营发展的需要。例如，当初只是用一部“为发烧而生”的手机走天下的小米科技，现在已经形成一条小米生态链。小米不仅代表着手机品牌，而且延伸为一个具有丰富产品生态链的品牌。

（四）适应性原则

适应性是指品名的使用能适应时间、空间及消费者的变化。品名的设计在时间上不能有过强的时代特征，因为时过境迁后品名会随之陈旧过时；在空间上要注意地域差异引起的文化冲突，还要尊重各地区消费者不同的消费文化和消费习惯。

例如，“IKEA”是品牌创始人 Ingvar Kamprad 和他的农场名 ELmtaryd 及村庄名 Agunnaryd 的首字母组合。进入我国时，聪明的中译者赋予它“宜家”这一美好的含义。中文名“宜家”不仅没有时代印记，还体现了品牌定位，体现了商品适宜家居使用的含义。

（五）可保护性原则

可保护性是指品名在法律意义上得到充分的保护，建议可以在全球注册，尽量避免使用已经在其他国家被注册的品名。例如，联想集团将原来使用的英文名称 Legend 改成 Lenovo，其在解释更名动机时称“联想品牌要国际化，首先需要一个可以在世界上畅通无阻的、受人喜爱的英文品牌，但 Legend 的英文名在国外许多国家已经被注册。所以必须未雨绸缪，为公司未来业务拓展做好先行部署”。

想一想

终于了解清楚品名设计的原则了，那么在品牌命名中有什么策略可以运用呢？

二、品牌命名策略

（一）从产品带给消费者的不同利益层面来命名

1. 功效性品牌

这类品牌以产品的某一功能效果作为品牌命名的依据，如奔驰（汽车）、飘柔（洗发水）、波音（飞机）、佳能（相机）、捷豹（汽车）、舒肤佳（香皂）、汰渍（洗衣粉）等。

2. 情感性品牌

这类品牌以产品带给消费者的精神感受作为品牌命名的依据，如金利来（服装）、美的（家电）、吉利（汽车）、七喜（饮料）、万事达（信用卡）等。

3. 中性品牌

这类品牌没有具体意义，呈中性，如海尔（家电）、索尼（电器）等。

（二）以品牌本身的来源渠道命名

1. 以姓氏人名命名

国内外都非常流行以姓氏人名作为品牌名。法国最早报道品牌商品的一篇文章说："消费者可以完全相信那些印有生产者自己名字的商品的质量，因为我们很难想象，哪一位生产者敢用自己的名字开玩笑。"用创始人名字命名成为一种通用方法，有的创始人不但以自己的名字作为品牌名，还把自己的经历撰写成传奇故事，为品牌注入文化元素。例如，李宁（创始人"体操王子"李宁）、福特汽车（创始人福特）等。

2. 以地名命名

用地名命名商品品牌，可以与同行竞争者区别开来，起到商品唯一性的标志作用，因此有不少企业以地名作为品牌的名称。例如，"云南白药"是云南省的著名药品品牌，"北大荒"是黑龙江省的农产品品牌等。

3. 以物名命名

以物名命名主要指以动植物名称命名的方式，如三只松鼠、小米、猎豹、骆驼、小天鹅、芙蓉、荷花、苹果、牡丹等。以动植物名称命名可以将人们对动植物的喜好转嫁到品牌身上，如猎豹的勇猛对于越野汽车、小天鹅的美丽纯洁对于洗衣机。

4. 以现成词组合命名

以现成词组合命名使用的词汇是可以从词典中找到的，有些还可以体现产品的功能或性质。如雷朋（Ray-Ban）太阳眼镜的功能是抵挡（ban）光线（ray），其广告语是"Ray- Ban bans rays"。

5. 自创命名

自创命名使用的品牌名一般是词典里没有的，它是经过设计与创造，为品牌"量身定制"的新词。这些新词使得品牌更容易被消费者识别，具备一定的独特性，易于注册。此外，由于自创的词语并没有固定的含义，所以具备较强的转换性，可以囊括更多的产品种类。如海尔（Haier）和联想（Lenovo）都是管理人员创造的一个新名词，都成了世界知名品牌。

（三）以品牌的文字类型命名

1. 以汉字命名

以汉字命名的品牌名即中文品牌，以汉字命名不仅是国内企业最主要的命名方式，而且也是一些国际品牌进入中国后实施本地化策略的命名方式。如黛安芬（Triumph）、桑塔纳（santana）、劳斯莱斯（RoLLs-Royce）、奥林巴斯（OLympus）、欧宝（OpeL）等。

2. 以拼音命名

以拼音为品牌命名是国内企业的独特做法，如 CHANGHONG（长虹）。拼音品牌一般与汉字品牌组合使用。

3. 以数字命名

因容易出现雷同，这类品牌较为少见，具有代表性的有：999（药业）、555（电池）、777（电池）、7–11（便利店）等。

4. 以外语命名

这是国外品牌常见的一种命名方式，国内品牌要进入国际市场，则需要给自己的品牌设计一个外语名称。如格力（GREE）、奥马（Homa）。也可以利用首字母命名品牌赋予品牌美好的意义，如美国著名品牌万宝路（MarLboro），是英文“man always remember Love because of romantic onLy（爱情永记，只随浪漫）”的首字母组合。这就是“万宝路”的初始定位。

小提示

有这么多品牌命名的好方法呀！谈谈在生活中，你见到的品牌的命名方式。

三、品牌标志设计

品牌标志设计和品名设计往往是连在一起的，因为它是品名设计的延伸，是品名形象化的表现。标志设计是综合的，它强调色彩、空间感以及各个元素之间的协调，同时设计者还必须真正理解企业的核心理念与经营风格。

（一）品牌标志的概念

品牌标志（brand mark）也称品牌标识，是企业识别系统（CI）的重要组成部分，是用于区别品牌的视觉符号，也称为视觉识别。品牌标志可以用图案或文字表示，也可以将文字与图案进行合理搭配，给予消费者和社会公众视觉上的冲击，使他们不但记住这个标志，而且可以产生积极的联想。

（二）品牌标志的类别

常见的品牌标志有三种：文字标志、图案标志以及图文标志。

1. 文字标志

文字标志是用独特形式书写的品牌全称或用首字母来表示品牌标志。品牌全称如TCL、HUAWEI等；首字母如麦当劳金黄色的“M”；有的是首字母的变体，如李宁运动品牌的变形“L”。

2. 图案标志

图案标志是将标志设计成图案，包括形象的图案和抽象的图案。形象的图案如乔丹品牌的“一个运动员举手投篮”的标志；中国国际航空公司的简洁典雅、生机盎然的“红色凤凰”标志。抽象的图案如特步运动鞋的“一个叉”标志、奥迪汽车的“4个紧扣圆环”标志等。

3. 图文标志

图文标志结合品牌名称与图案，既展示名称又引发联想。常见形式为将名称字母部分转化为图案，或文字配图案。形象图文直观易懂，抽象图文寓意模糊。设计思路与单独图案标志相仿，普遍用于品牌标志。

小提示

了解了品牌标志的三种类型，我们在设计的时候就有方向了！

（三）品牌标志的作用

品牌标志在现代商业中扮演着至关重要的角色，它不仅是一个图形或符号，更是品牌的视觉代表和企业文化的浓缩体现。首先，品牌标志能够创造强烈的品牌认知，使消费者能够在众多竞争品牌中迅速识别出特定品牌，并建立起深刻的品牌记忆。其次，通过独特的设计和色彩运用，品牌标志能激发消费者的联想，传递品牌的价值观、产品特性和服务理念，从而影响消费者的情感反应和购买决策。再者，一个成功的品牌标志有助于塑造积极的品牌形象，增强品牌的可信度和吸引力，进而促进顾客忠诚度的形成。此外，品牌标志还具有跨文化传播的能力，可以在不同的市场和文化背景下保持品牌的统一性和辨识度，支持品牌的全球化发展。因此，品牌标志不仅是市场营销的重要工具，也是连接企业和消费者情感桥梁的关键元素。

小提示

品牌标志对企业有这么重要的影响，我们要认真设计才行，不能随意哦！

（四）品牌标志设计的原则

品牌标志设计应遵循一系列基本原则，以确保其独特性和持久性，具体来讲，包括以下几点：

1. 独特性

独特性是关键，品牌标志需要具备与众不同的视觉特质，以便在众多品牌中脱颖而出，给人留下深刻印象。简洁性也是不可或缺的，通过精炼的设计去除不必要的复杂元素，使标志更加清晰易记，并能在各种尺寸和应用场景中保持良好的可见性。

2. 辨识度

确保品牌标志即使在缩小或远距离观看时也能轻易识别。延展性则要求标志能够在不同媒介和背景下灵活应用，支持品牌的多样化展示需求。色彩选择需考虑情感共鸣与视觉效果，同时要与品牌形象相契合。

3. 普适性和前瞻性

确保品牌标志在全球范围内被正确理解且不过时，能够适应未来市场变化。这些原则共同作用，帮助创建一个既具时代感又能长久存在的品牌标识。

任务实施

典型岗位任务：品牌名称和品牌标志设计

企业品牌建立是一个长期的过程，而品牌设计需要做到帮助企业构建形象，协助企业形成品牌价值，能对消费者的记忆产生影响，能提高消费者对品牌的认同感。品牌设计包括品牌名称设计和品牌标志设计，企业应该根据自身店铺的定位，设计一个令消费者易识别、易记忆的品牌名称，品牌标志应设计得生动形象并赋予一定意义，为后续的品牌宣传和延伸做好铺垫。

任务目的

通过设计品牌名称和品牌标志，理解品牌设计的重要性，了解品牌设计的内容和作用，学会为自己的网店进行品牌设计。

任务内容

根据自己的网店定位，设计品牌名称和品牌标志。

任务要求

在品牌命名和品牌标志设计过程中，需要结合任务的知识，符合品牌品名设计原则和品牌标志设计原则。

任务步骤

第一步：理论导入

讲解品牌品名设计原则、品牌命名策略、品牌标志设计的普遍原则。展示成功品牌的设计案例，分析它们为何有效。

第二步：网店定位与品牌概念

确定虚拟网店的定位，包括产品或服务范围、目标市场、品牌个性和价值观。讨论品牌故事的构建，即品牌想要传达给消费者的信息和情感。

第三步：品牌名称设计

根据品牌定位创造品牌名称。强调名称应简洁、易于发音、有记忆点且具有文化敏感性。小组内分享初步想法，并相互提供反馈。

第四步：品牌标志设计

讲解品牌标志设计的基本元素，如色彩、形状、字体和图形。使用设计软件或在线工具，尝试设计品牌标志的草图。强调标志应与品牌名称和整体定位保持一致，同时在各种媒介上都能清晰辨认。

第五步：综合设计与优化

综合品牌名称和品牌标志，确保两者相互补充。

鼓励使用设计工具细化其作品，考虑比例、色彩搭配和视觉平衡。小组间交换设计，提供建设性的批评和建议。

第六步：汇报与评估

每个学生或小组向全班展示他们的品牌名称和标志设计，解释设计理念和过程。同学和教师共同评估设计是否符合品牌设计原则，以及其创意和实用性。

第七步：总结与反馈

总结本次实训的重点，强调品牌设计的持续迭代和改进。提供个人反馈，指出设计中的亮点和潜在改进点。

第八步：课后拓展

继续完善品牌设计，可能包括品牌口号、包装设计或社交媒体应用等。鼓励研究其他品牌，分析其设计的成功之处，为自己的设计寻找灵感。

任务评价

序号	测评内容	分值	自评	小组评
1	店铺定位明确	10		
2	品牌命名符合店铺定位	10		
3	品牌命名符合品牌品名设计原则	20		
4	品牌标志生动形象	20		
5	品牌标志富有意义	20		
6	素养目标的达成	20		
合计		100		

案例评析

简单亲切的名字加上简洁的拼音域名 xiaomi. com，对于流量有最大化的帮助。即便是一些很成熟的品牌，由于早期的考虑欠缺，往往没有在名字、标志和域名上做到“三位一体”的最优化，因而在搜索引擎和日常传播的流量上都有所损失。

1. 小米的品牌设计遵循了哪些原则？

小米在品牌设计上做到了名字、标志和域名的“三位一体化”，主要考虑了以下方面：中文名称易记、易传播；配套的顶级域名可获得；商标可注册，便于国际推广；本身带有色彩感和富于情感。

2. 品牌设计对企业的发展有什么作用？

品牌设计能为企业带来超乎想象的经济效益。品牌设计影响企业商品的销售与市场竞争力，是企业发展的促进者，能增强员工的自信心，提高客户对企业的忠诚度。品牌设计还能给企业带来良好的社会口碑，形成品牌效应。

课后复习与思考

1. 描述品牌标志的含义和作用。
2. 为网店命名需要注意哪些事项？
3. 品牌设计包含哪些内容？
4. 举例说明哪些品牌在设计上有问题并提供建议。

任务三　制定品牌传播方案

任务目标

- 知识目标：

了解品牌传播的概念，掌握品牌传播的方式，掌握品牌传播方案策划的步骤。

- 能力目标：

能够根据网店的运营目标选择品牌传播方式，制定品牌传播方案。

- 素养目标：

帮助学生树立坚定中华文化立场的观念，增强中国价值精神与自觉讲好中国故事的能力。

案例导入

谷雨的品牌传播

在美妆市场品牌层出不穷的当下，想要脱颖而出并非易事，然而，谷雨却凭借出色的品牌传播策略成功吸引了大众目光。作为依托谷雨节气应运而生的国货护肤品牌——谷雨，虽然在品牌知名度上尚未达到顶尖水平，与其他知名品牌相比也有一定的差距，但谷雨却通过精准定位弥补了这一不足。

谷雨品牌主要集中在小红书和抖音两大平台，几乎所有关注护肤、搜索过“美白”相关内容的用户，都能轻松发现谷雨的身影。谷雨品牌还邀请了众多美妆博主、测评博主以及知名 KOL 进行视频推广，这些博主和 KOL 拥有强大的粉丝吸引力和粉丝忠诚度，为谷雨的品牌传播奠定了坚实基础。同时，谷雨品牌自身在各大平台上的高频曝光，也是其品牌传播成功的关键因素。

案例来源：盒子聊营销 . 国货护肤品如何做好品牌传播？

思考：

1. 谷雨是如何进行品牌传播的？
2. 谷雨的品牌传播方式有哪些参考价值？

知识介绍

一、品牌传播的概念

比音勒芬坚定讲好中国故事，传播好中国声音

所谓品牌传播，就是企业以品牌的核心价值为原则，在品牌识别的整体框架下，选择广告、公关、销售、人际等传播方式，将特定品牌推广出去，以建立品牌形象，促进市场销售。品牌传播是企业满足消费者需要，培养消费者忠诚度的有效手段。

品牌的有效传播可以使品牌为广大消费者和社会公众所认知，使品牌得以迅速推广。同时，品牌的有效传播还可以实现品牌与目标市场的有效对接，为品牌及商品进占市场、拓展市场奠定宣传基础。品牌传播是诉求品牌个性的手段，也是形成品牌文化的重要组成部分。

知识拓展

动画 品牌传播

行业五新——商品品牌领域的新标准

随着消费者对产品质量和安全的关注度不断提高，新的质量标准被制定出来，以确保产品符合更高水平的安全和可靠性。例如，ISO 9001 是国际公认的品质管理系统标准，它要求企业建立一套完整的质量管理体系，确保产品和服务的一致性和顾客满意。此外，还有专门针对特定行业和产品类型的标准，如食品安全标准 HACCP（危害分析与关键控制点）、医疗器械行业的 ISO13485 等。

二、品牌传播的方式

品牌传播是品牌在发展过程中综合协调地利用各种形式的传播方式，以统一的目标和统一的传播形象传播一致的商品信息，实现与顾客的双向沟通。品牌传播的途径主要包括广告传播、促销传播、公关传播和人际传播。只有根据品牌的发展阶段，将这些传播渠道和工具有机结合起来，才能促进顾客最大限度的认知、联想和忠诚，提高品牌传播的效率和效益。

（一）广告传播

1. 广告的含义

广告，顾名思义，就是广而告之，向社会广大公众告知某件事物。广告是品牌传播的主要途径之一，每天都有各种各样的广告出现在我们的生活中，企业为了成功地把自己的商品推向市场，常采用广告传播手段。

2. 广告代言人

广告除了向公众传播产品信息外，有时还需要传播人性化的信息。通过广告代言人来传递这样的信息，更容易被接受。目前，广告代言人有四类：名人、典型顾客、专家和虚拟代言人（卡通人物或动物）。

小提示

广告代言人对网店经营有这么重要的影响，我们要选择合适的代言人才行，不能随便乱找！

3. 广告媒体

合理地选用媒体，首先要对媒体的特点有清晰的认识和了解，然后依据各种传播媒体进行优化组合，发挥协同效应，达到传达品牌信息、与消费者沟通交流的目标。近些年，随着科技的发展，各种新媒体层出不穷。根据其形式的不同，媒体具体分为电视媒体、广播媒体、报纸媒体、杂志媒体、户外媒体、POP、网络媒体等。

小提示

广告媒体有这么多类型，我们要为网店做广告传播的选择面可真广！

（二）促销传播

1. 促销的定义

促销是生产厂家或零售商使用各种短期的刺激工具，刺激消费者和中间商快速、大量地购买某一特定的商品或服务的行为。有时一些商家定期对某些品牌的商品有序地使用短期刺激工具，其目的是吸引消费者光顾，使其在购买促销商品的同时购买非促销商品。

2. 促销的特征

促销有三个基本特征：一是传播信息，能经常提供信息，引起消费者注意，并把消费者引向产品。二是刺激，采取让步、诱导或赠送等办法，刺激消费者的消费欲望。三是邀请，引导消费者前来进行消费。

3. 促销的优缺点

促销的优点在于能激发消费者的购买欲望，强化消费者对品牌的记忆、回忆和联想；可以引起市场的强烈反应，提高品牌的市场占有率，提升销售业绩；可以鼓励中间商增加库存，或获得新的销售渠道等。但促销的缺点也十分明显，消费者会感觉产品质量下降，对品牌的忠诚度降低，对价格的敏感度增强，产生低价购买的心理预期，长期促销有损品牌形象。

小提示

每逢节假日做促销活动时，商品的质量及服务也要跟上哦，否则会得不偿失！

4. 促销工具

促销可分为以消费者为对象的消费者促销和以中间商为对象的交易促销。

消费者促销意在影响消费者的购买决策，如品牌选择、购买数量等。消费者促销的形式分为两类：一类是与产品或品牌有关的促销活动如演示、展销会等，这类促销活动的主要目标是影响消费者对品牌的态度，促进消费者对品牌的认知，增加品牌联想进而影响消费者的品牌忠诚度，是增加品牌资产的手段；另一类是与产品或品牌没有直接关系的促销活动，如折扣、兑奖等，这类促销直接影响消费者的购买决策。

交易促销是促销的主要方面，包括价格折扣、免费礼品、销售竞赛等。

小提示

促销活动设计有这么多注意事项，可要做好笔记哦！

（三）公关传播

1. 公共关系的定义

公共关系（public relation）是指某一组织为建立、改善与社会公众的关系，促进公众对组织的认识、理解及支持，达到树立良好组织形象、促进品牌商品销售的目标而实施的一系列活动。

2. 公共关系的功能

公共关系有助于提升品牌形象和知名度，通过媒体报道、社交媒体互动等方式，增强品牌的曝光率和公众认知度。公关活动能够增强消费者信任，展示品牌的社会责任感和诚信，例如通过参与公益活动或发布透明的供应链信息。

有效的公关策略可以帮助处理危机管理，当面临负面评价或突发事件时，及时沟通并采取积极措施可以有效减轻负面影响，保护品牌声誉。同时，还能促进与合作伙伴的关系，通过联合推广、行业交流等活动，扩大市场影响力和资源共享。

3. 公共关系的种类

在网店经营中，公共关系可以通过多种形式和渠道进行，主要包括以下几种类型。

（1）媒体关系。通过新闻稿、采访和专题报道等方式与传统媒体及新媒体建立良好关系，提升品牌曝光度和公信力。这包括利用社交媒体平台进行互动，增加品牌的在线影响力。

（2）社区参与。积极参与或发起线上社区活动，如论坛讨论、专题讲座等，增强品牌与目标受众之间的互动，形成良好的口碑效应。

（3）危机管理。制定并执行危机应对策略，在遇到负面评论或突发事件时迅速反应，采取措施控制损害范围，维护品牌形象。

（4）合作推广。与其他品牌或意见领袖合作，通过联合营销活动扩大市场覆盖面，共享资源，提高品牌的市场渗透率。

（5）客户沟通。通过电子邮件、即时通信工具等方式保持与客户的持续沟通，及时回应顾客问题和需求，增强客户满意度和忠诚度。

想一想

你知道哪些品牌运用了以上介绍的公关传播方式？

（四）人际传播

人际传播即人与人之间的直接沟通，主要是通过企业人员的讲解咨询、示范操作、服务等，使公众了解和认识企业并形成对企业的印象和评价。

人际传播是形成品牌美誉度的重要途径，在品牌传播的方式中，人际传播最易为消费者所接受。不过，人际传播要想取得好的效果，就必须提高企业人员的素质，只有这样才能发挥其积极作用。

品牌传播效果的好坏与传播方式的选择及设计密切相关，如果传播方式选择不当、设计不合理，就不可能收到好的传播效果。因此，企业在进行品牌传播时一定要把传播方式的选择和设计放在重要的位置上。

想一想

品牌美誉度和品牌知名度有什么区别？

小提示

品牌传播方案的策划有这么多步骤，要学会灵活运用哦！

任务实施

典型岗位任务：制定品牌传播方案

制定品牌传播方案是企业进行品牌传播的一项重要工作。通过方案的制定，能有效计划品牌传播的措施与路径，可以使企业的品牌为广大消费者和社会公众所认知，使品牌得以迅速推广。同时，品牌的有效传播还可以实现品牌与目标市场的有效对接，为品牌及商品进占市场、拓展市场奠定宣传基础。

任务目的

通过制定品牌传播方案的训练，理解品牌传播的重要性，了解品牌传播的内容，培养品牌传播活动组织与策划的能力。

任务内容

根据自己的网店定位，制定合理的品牌传播方案。

任务要求

在制定品牌传播方案的过程中，需要结合任务的知识，明确品牌传播方案策划的8个步骤，使方案科学、具体，具有合理性和可行性。

任务步骤

第一步：回顾与引入

复习品牌传播的概念、品牌传播的方式、品牌传播方案策划的步骤，强调品牌传播对提升品牌知名度、建立品牌形象和促进销售的作用。

第二步：品牌传播策略框架

明确传播的目标，如提高品牌认知度、增加市场份额等。了解目标受众、竞争对手和行业趋势。基于市场调研，确立品牌在市场中的定位。构建品牌的关键信息和核心价值主张。

第三步：网店定位与目标设定

根据自己的虚拟网店，明确品牌传播的目标。讨论如何量化这些目标，以便后期评估。

第四步：市场调研与定位确定

进行简单的市场调研，了解目标顾客的偏好、竞争对手的策略和市场机会。根据调研结果，确定品牌的差异化定位。

第五步：信息制定与渠道选择

构建品牌的核心信息，确保信息的一致性和吸引力。选择合适的传播渠道，考虑成本效益和目标受众的习惯。

第六步：创意策划与执行计划

设计创新的传播活动，如线上互动、线下体验、合作推广等。制订详细的执行计划，包括预算、时间线和责任分配。

第七步：效果监测与调整

设定效果监测的指标，如点击率、转化率、客户反馈等。讨论如何根据监测结果调整传播方案，确保策略的有效性。

第八步：方案汇报与反馈

展示品牌传播方案，重点讲解每个步骤的决策依据。其他同学和教师提供反馈，提出改进建议，讨论方案的可行性和创新性。

第九步：总结与课后拓展

总结本次实训的要点，强调品牌传播方案的灵活性和持续优化。布置课后任务，如收集现实世界中成功的品牌传播案例，分析其成功要素。

任务评价

序号	测评内容	分值	自评	小组评
1	店铺定位明确	10		
2	目标受众明确	10		
3	传播目标明确	10		
4	传播渠道有效	20		
5	促销预算合理	10		
6	促销组合合理	20		
7	促销结果衡量合理	10		
8	素养目标的达成	10		
合计		100		

案例评析

国货护肤品的优势之一就是具有源远流长的中国文化。以谷雨为例，其品牌名称取自中国的节气，寓意“雨生百谷，雨润万物”，基于厚重文化的品牌寓意、品牌思想和品牌形象，更容易传递好品牌故事。

1. 谷雨是如何进行品牌传播的？

谷雨主要集中在新媒体营销平台上进行推广，邀请美妆博主、测评博主及业内知名 KOL 进行视频推广，谷雨品牌自身也在各大网络平台上高频曝光，在消费者心中建立“专为国人研发的护肤品”这一品牌理念。

2. 谷雨的品牌传播方式有什么参考意义？

谷雨品牌，以节气命名，坚定文化自信。谷雨迎合目标消费者的偏好，在主流新媒体平台、图文平台发布种草软文、产品测评笔记等吸引消费者，在一众国货品牌中成功“出圈”，成为国货护肤品新生势力。

课后复习与思考

1. 品牌传播的含义是什么？
2. 你认为哪一种品牌传播方式更能打动消费者？
3. 在应用促销方式进行品牌传播时如何避免对品牌形象的伤害？
4. 人际传播有什么作用？
5. 为你喜欢的品牌构思一个视频广告。

任务四 制定品牌延伸规划

任务目标

• 知识目标：

了解品牌延伸的概念，理解品牌延伸的作用，了解品牌延伸的风险，掌握品牌延伸的策略。

• 能力目标：

能够根据网店的发展做品牌延伸。

• 素养目标：

培养学生的科学思维方法，树立创新发展精神，增强因时制宜、知难而进、开拓创新的能力。

案例导入

百年传承美加净

美加净品牌创立于1912年，其以卓越的品质和不懈的创新精神，在口腔护理领域树立了行业标杆。

美加净产品创新之路，伴随着不断突破与进步，从国内首支牙膏的诞生到现代家清系列的拓展，每一步都精准把握消费者需求，引领行业风向标。儿童口腔护理品牌"泡泡娃"，针对母婴人群，以细腻关怀呵护每一分成长；专业抗敏品牌"上海"，中西结合有效减轻牙本质过敏，同时修复细小裂纹，一跃成为该领域的性价比之王。同时，美加净还积极拓展产品线，推出漱口水、口腔喷雾剂、电动牙刷、冲牙器等一系列口腔清洁护理产品，形成了更完善的口腔护理一站式解决方案。

案例来源：佚名．国货经典承百年，时代创新启新篇——美加净112载辉煌历程．凤凰网．（有删改）

思考：

美加净的品牌延伸是否成功？

知识介绍

创新的产品力才有强大的品牌力

一、品牌延伸的概念

品牌延伸（Brand Extensions）是指凭借现有成功品牌推出新产品的过程。品牌延伸并非只是简单借用表面上已经存在的品牌名称，而是对整个品牌资产的策略性使用。

知识拓展

行业五新——商品品牌领域的新应用

在数字经济背景下，商品品牌领域的新应用之一是人工智能驱动的个性化推荐系统。这种系统利用大数据分析和机器学习算法来理解消费者的偏好和行为模式，从而提供个性化的购物建议和产品推荐。

电商平台使用AI技术分析用户的浏览历史、购买记录以及对产品的评价，以预测他们可能感兴趣的商品，并在合适的时间点推送这些推荐。个性化推荐还能帮助品牌更好地了解消费者需求，优化库存管理和供应链效率，减少过剩库存的风险。

二、品牌延伸的作用

动画
品牌延伸

品牌延伸是企业为了推出新产品并使其快速占有并扩大市场的有力手段，是企业对品牌无形资产的充分发掘和战略性运用，因而成为众多企业的现实选择。品牌延伸的作用体现在以下五个方面。

（1）品牌延伸有助于加快新产品的定位。

（2）品牌延伸有助于减少新产品的市场风险。

（3）品牌延伸有利于为消费者提供完整选择。

（4）品牌延伸有助于强化品牌效应。

（5）品牌延伸能够增强核心品牌的形象。

小提示

品牌延伸对网店经营这么重要，我们一定要好好学习并且理解掌握！

三、品牌延伸的风险

电商经营者在进行品牌延伸时面临多种风险，这些风险主要源自品牌定位、消费者认知以及市场竞争等因素。

（1）品牌价值受损是一个显著的风险。当品牌延伸到与原品牌形象不符的产品或市场时，可能会导致品牌的整体形象和声誉受到损害。例如，可口可乐公司曾尝试推出一款名为“新鲜感冒水”的产品，但由于该产品与可口可乐的品牌形象不一致，最终未能获得成功。

（2）消费者困惑也是一个重要问题。品牌延伸可能会让消费者对原有品牌产生混淆，影响他们对品牌的信任度。比如家乐福的“乐福生活”品牌延伸至家电和家具领域，但消费者可能认为这些产品与家乐福的核心业务无关，从而降低了品牌的认知度。

（3）产品质量不佳是另一个潜在风险。如果新产品的质量无法达到消费者的预期，将会直接影响品牌形象和信誉。雷克萨斯汽车曾试图通过品牌延伸推出低价车型，但由于质量问题而损害了品牌形象。

最后，品牌延伸还可能导致扰乱原有市场的风险，即新产品的推出可能会影响现有产品的销售。如耐克推出的智能手表由于缺乏与核心运动产品的关联性，未能在市场上取得成功，并且可能对原有产品的销售造成负面影响。

小提示

原来品牌延伸是把双刃剑！我们要根据网店定位及实际经营情况来决定，不能随意进行品牌延伸哦！

四、品牌延伸的策略

（一）产业延伸

从产业相关性上分析，品牌延伸可向上、向下或同时向上向下延伸。例如石油工业向价值链上游石油开采业方向延伸是向上延伸；向石油精细加工或销售即价值链下游延伸是向下延伸；同时向价值链的上游与下游延伸则是双向延伸。

另一种是产业平行延伸，如鲜奶向酸奶、豆奶、果奶的延伸。平行延伸一般适用于具有相同或相近的目标市场和销售渠道、相同的储运方式、相近的形象特征的产品领域，一方面有利于新产品的行销，另一方面有利于品牌形象的巩固。

（二）产品线延伸

企业通常采取产品线扩展的方法来增加产品线的长度。产品线扩展即在档次上延伸，企业超出现有的范围来增加它的产品线长度，具体策略如下。

1. 向上延伸

向上延伸即在产品线上增加高档次产品生产线，使商品进入高档市场。由于处于低档市场的产品常常受到终端零售商及消费者的价格挤压，所以企业的成长空间可能在高档市场，而且该市场的目标消费者对价格不那么敏感。

2. 向下延伸

向下延伸即在产品线中增加较低档次的产品。企业进行向下延伸可能是由于消费者对价格的敏感增加，或者销售渠道的力量增加，或者技术进步使得产品成本下降，也可能是由于企业在高档市场的地位受到竞争对手的威胁而增长缓慢，或者当初进入高档市场只是为了树立产品质量形象，或是为了填补市场空白。

3. 双向延伸

双向延伸即原定位于中档产品市场的企业掌握市场优势以后，决定向产品线的上下两个方向延伸，一方面增加高档产品，另一方面增加低档产品，扩大市场阵容。双向延伸的风险主要是一些消费者认为高档、中档、低档产品之间的差别不大，因而更愿意选择低档产品；同时，可能会模糊原有品牌的定位。

（三）其他相关延伸

其他相关延伸，也叫扩散法延伸，具体包括：

（1）单一产品品牌扩散延伸到多种产品上去，成为系列品牌。

（2）一国一地的品牌扩散到世界，成为国际品牌。

（3）一个品牌再扩散衍生出另一个品牌。

（4）名牌产品扩散延伸到企业上去，使企业成为名牌企业。

其他相关延伸对于刚成长起来的品牌非常有意义。

小提示

不同的品牌延伸策略各有优势，应根据网店的自身需要合理选用！

任务实施

典型岗位任务：制定品牌延伸规划

品牌延伸是许多成功品牌常做的事情，品牌延伸看似是一件轻松的事，但是操作不好，结果有可能很糟糕。成功的品牌延伸，是遵循了正确的原则才得以成就的；失败的品牌延伸，则往往是因为进入品牌延伸的误区。在制定品牌延伸规划过程中，应该明确自身品牌定位，正确评估品牌实力，充分了解品牌延伸的风险和策略，充分分析品牌延伸的结果，制定合理且可行的品牌延伸方案。

任务目的

通过制定品牌延伸规划的训练，理解品牌延伸的重要性，了解品牌延伸的内容，培养品牌分析与品牌发展规划能力。

任务内容

根据自己的网店定位，制定合理的品牌延伸规划。

任务要求

在制定品牌延伸规划的过程中，需要结合任务的知识，明确品牌延伸的内容，使规划充实、具体，具有合理性和可行性。

任务步骤

第一步：学习品牌延伸概念

学习品牌延伸的概念、品牌延伸的作用、品牌延伸的风险、品牌延伸的策略，分析成功与失败的品牌延伸案例，探讨其背后的原因。

第二步：品牌现状分析

根据自己的网店，进行 SWOT 分析（优势、劣势、机会、威胁）。讨论品牌当前的产品线、市场定位以及消费者感知。

第三步：市场趋势与消费者需求

研究市场趋势，识别潜在的新产品类别或服务领域。调查目标消费者的需求和期望，找出未被满足的市场缺口。

第四步：品牌兼容性分析

讨论品牌与潜在新产品的兼容性，确保新产品符合品牌形象和价值观。评估新产品的市场潜力，包括目标市场、预期收益和风险。

第五步：品牌延伸策略规划

确定品牌延伸的方向，选择最合适的新产品或服务。制定初步的品牌延伸策略，包括产品设计、定价、推广和分销计划。

第六步：制定品牌延伸实施计划

制定详细的实施步骤，包括开发时间表、预算和资源配置。讨论如何维持品牌一致性，确保新老产品之间的协同效应。

第七步：风险评估与应对策略

识别品牌延伸可能面临的风险，如品牌稀释、市场接受度低等。制定风险缓解措施，如小范围试销、灵活的退出策略等。

第八步：规划汇报与反馈

小组汇报品牌延伸规划，包括选择的理由、实施计划和预期成果。同学和教师提供反馈，评估规划的合理性和可行性，提出改进建议。

第九步：总结与课后作业

总结本次实训的关键学习点，强调品牌延伸规划的复杂性和灵活性。分配课后作业，如深入研究某一行业的品牌延伸案例，撰写分析报告。

任务评价

序号	测评内容	分值	自评	小组评
1	店铺定位明确	10		
2	品牌定位明确	10		
3	正确评估品牌的实力	10		
4	正确审视品牌的核心价值	20		
5	充分分析品牌延伸的价值	20		
6	品牌架构合理	20		
7	素养目标的达成	10		
合计		100		

案例评析

美加净产品延伸之路，伴随着不断突破与进步，每一步精准把握消费者需求，引领行业风向标。美加净牙膏凭借其卓越的品质和持续的创新，赢得了国内外众多奖项和认证，成为中国口腔清洁护理用品行业的佼佼者和口腔护理行业的知名品牌。美加净不仅在国内市场稳扎稳打，更将目光投向全球，以多元化战略满足不同地域消费者的需求。通过持续的品牌影响力提升和精准的市场拓展，相信美加净会在全球舞台上绽放出更加耀眼的光芒。

课后复习与思考

1. 什么是品牌延伸？品牌延伸有哪些类型？
2. 结合实际说明品牌延伸的利弊。
3. 品牌延伸策略有哪些？
4. 作为消费者，如何评价品牌延伸？
5. 所有品牌都适合做品牌延伸吗？为什么？

拓展任务：AI+品牌标志设计

任务导入

小智对设计充满热情且对新兴技术有着浓厚兴趣，他已完成了对一家园艺产品公司的品牌研究分析。这家公司专注于生产可持续发展的生态友好型园艺产品，经营定位为提供环保、有机的园艺解决方案，倡导绿色生活方式。品牌核心价值是可持续性、自然、创新。小智的任务是为这个品牌设计一个全新的标志，传达绿色环保和以人为本的理念。接下来，小智将通过 uBrand 来探索人工智能在设计领域的应用，希望运用人机协同的方式，创造一个独特而富有表现力的品牌标志。

任务目标

- 知识目标：

理解品牌标志的概念，了解品牌标志的作用，熟悉传统电商与智能电商标志设计的特点。

- 能力目标：

掌握 AI 辅助设计工具的操作，提高设计效率和质量。能在设计中融入新颖的元素和概念，同时确保标志的可识别性和持久性。

- 素养目标：

培养良好的审美观，对设计美学有深刻的理解，能够创造出既符合品牌定位又能引起人们情感共鸣的视觉作品。

任务知识

一、品牌标志

品牌标志，又称“品标”，是品牌中可以被认出、易于记忆但不能用言语称谓的部分，它包括符号、图案或明显的色彩或字体。它是品牌形象的重要组成部分，与品牌名称共同构成完整的品牌概念。品牌标志是一种视觉语言，通过特定的设计元素向消费者传达信息，以达到识别品牌和促进销售的目的。

二、品牌标志的重要性

品牌标志不仅能够创造品牌认知、品牌联想和消费者的偏好，还会影响品牌的质量感知和顾客的品牌忠诚度。设计成功的品牌标志通常具备简洁明了、准确表达品牌特征、具有美感、适用性与扩展性强的特点，并且在字体和色彩运用上讲究策略，以便于在不同的媒介和场合下使用，并能长期保持其独特性和吸引力。品牌标志对于企业的市场营销活动至关重要，帮助企业在众多竞争者中脱颖而出，建立独特的市场地位，并与消费者建立起情感连接。

三、传统电商的标志设计

在传统电商工作中，企业进行标志设计是一个系统化的过程，旨在创建一个既能够体现品牌核心价值又能吸引目标受众的视觉符号。以下是企业在进行标志设计时需要考虑的关键步骤和要素。

（一）理解品牌核心价值

企业需要深入理解自身的品牌定位、使命、愿景以及核心价值观。这一步骤包括对品牌文化背景、产品特性以及期望传递给消费者的品牌形象的全面了解。只有明确了这些基础信息，设计师才能创造出一个真正代表品牌的标志。

（二）市场调研与竞品分析

企业开展市场调研，以了解行业趋势、潜在客户的偏好及需求，并对竞争对手的品牌标志进行分析。通过这种方式，可以确保新设计的标志不仅独特而且具有竞争力。调研还应包括收集关于现有用户认知的数据，以便更好地满足他们的期望。

（三）创意构思与草图绘制

基于前期的研究成果，设计师开始进行创意构思，尝试不同的设计方案和元素组合。这个阶段鼓励大胆创新，但同时也要考虑到标志的功能性——易于识别且能够在不同媒介上保持清晰度。设计师通常会使用纸笔或专业软件快速表达想法，并与客户沟通反馈，逐步确定最终的设计方向。

（四）设计细化与调整

一旦初步设计方案得到确认，设计师将进入细化和完善阶段。在此过程中，设计师会对字体、颜色、图形等细节进行精确调整，确保整体视觉效果的一致性和完整性。此外，还需考虑标志在不同场景下的适应性，例如不同尺寸、背景和颜色模式的表现。

（五）测试与优化

完成设计后，企业应通过多种渠道收集潜在用户的反馈，测试标志在实际应用中的表现。根据收集到的意见和建议，进一步优化设计，直至达到最佳状态。这一过程有助于提高标志的有效性和吸引力。

（六）法律审查与注册

最后，企业必须确保所设计的标志独一无二，避免侵犯他人的知识产权。为此，需要进行法律审查，并完成相应的版权注册，确保标志受到法律保护。

小提示

无论是智能商务还是传统商务，品牌设计的根本目的都是建立品牌识别，与目标受众建立联系，并传达品牌的价值主张。两者都需要进行市场调研、品牌定位、设计开发、测试反馈和实施推广等基本步骤。在两种商务模式下，品牌设计都是构建和维护品牌形象的关键，对消费者认知和品牌忠诚度有直接影响。两者都需要有专业设计师的参与，运用创意和专业知识来创建视觉上吸引人的品牌标识。

四、智能商务的标志设计

在智能商务时代，标志设计是一个结合了技术创新、数据分析和用户体验的过程，旨在创造既具美学价值又实用的品牌标识。

（一）运用 AI 工具

设计师可以利用 AI 工具进行标志设计，这些工具能够基于品牌信息和设计要求自动生成多种设计方案。通过输入品牌名称、定位、受众等信息，AI 可以快速生成符合需求的初步设计，为设计师提供灵感或直接作为基础方案。

（二）数据驱动的设计

借助大数据分析，了解当前市场趋势和消费者偏好，确保设计出的标志既时尚又符合市场需求。AI 还可以帮助优化现有的设计方案，比如调整色彩搭配、字体选择等元素以更好地传达品牌形象

（三）用户反馈与迭代

通过收集用户反馈，不断迭代优化设计方案，确保最终产品能够精准地反映品牌价值并满足目标受众的期望。

任务实训：运用uBrand在线平台智能设计品牌标志

一、实训目标

掌握品牌标志设计的要素，如色彩、形状、字体和图形的意义。熟悉人工智能辅助设计流程，了解如何使用 uBrand 等在线平台，探索人工智能在设计领域的应用。实践品牌概念的视觉化，将抽象的品牌理念转化为具体的视觉元素，体现学生课堂品牌的特色和价值观。

二、实训内容

（1）研究目标用户的需求和喜好，分析竞争对手的品牌标志。

（2）确定品牌的核心价值、使命和愿景，为设计提供方向。

（3）小组讨论，产生初步的设计概念，考虑如何融入人工智能元素。

（4）使用 uBrand 平台创建账号，熟悉界面和工具。

（5）选择模板或从零开始，利用平台的 AI 建议和设计元素进行创作。

（6）应用不同的设计元素，尝试多种组合，直到满意为止。

（7）小组内部及跨组间进行设计作品的展示和评审，收集反馈并进行修改。

（8）每个小组提交一份完整的品牌标志设计方案，包括设计理念、设计草图、最终矢量文件。

三、实训要求

（1）每个小组至少由 3 名成员组成，确保角色分配合理，包括创意总监、设计师和技术协调员。

（2）设计过程中，至少应用一项人工智能技术或功能，如 uBrand 的智能建议系统。

（3）提交的设计方案需附带一份设计说明书，详细解释设计决策背后的逻辑和创意来源。

四、实训演示

我们将设计一个名为“EcoBloom”的品牌标志，该品牌专注于可持续发展的生态友好型园艺产品。下面是按照实训任务的步骤来实施这一设计的过程。

步骤 1：市场调研与品牌定位

（1）研究生态友好型园艺产品的市场趋势。分析竞争对手的品牌标志，比如 GreenThumb、NatureNest 等。收集目标消费者（环保意识强的园艺爱好者）的偏好和需求。

（2）确定定位。EcoBloom 的品牌定位：提供环保、有机的园艺解决方案，倡导绿色生活方式。品牌核心价值：可持续性、自然、创新。

步骤 2：创意构思

将品牌定位与自然、生长和生态平衡的概念相结合。考虑使用绿色、棕色和蓝色的色调，象征大自然、土壤和清洁水源。探讨使用抽象的植物图案或叶子形状，代表生长和生命力。

步骤 3：设计实践

（1）使用 uBrand 在线品牌创建平台（https：//www.ubrand.com/）。创建账户，熟悉 uBrand 的界面和功能，如图 1–1 所示。

（2）输入需要设计标志的品牌名称“EcoBloom”，如图 1–2 所示。

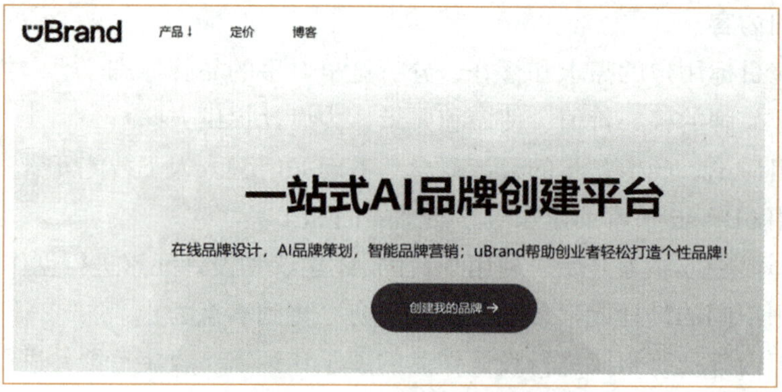

图 1–1　uBrand 在线品牌创建平台

图 1–2　输入品牌标志的名称

（3）选择适合品牌的色系，如图 1–3 所示。

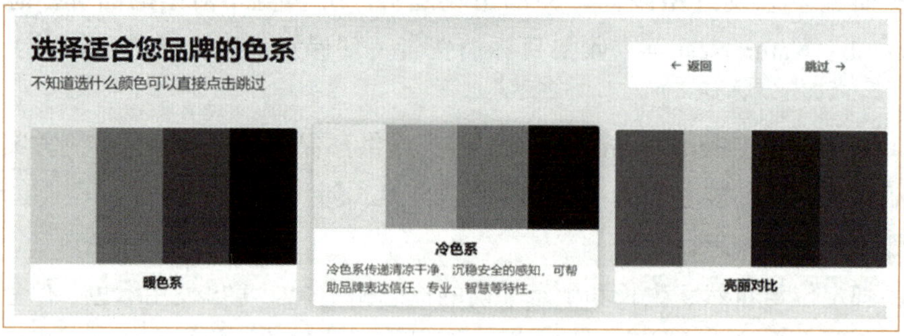

图 1–3　选择适合品牌的色系

（4）选择符合品牌的字体风格，如图 1–4 所示。

（5）AI 生成初步的品牌标志，如图 1–5 所示。

（6）利用平台的编辑功能，尝试不同的样式、字体风格和色彩组合，对标志进行优化，如图 1–6 所示。

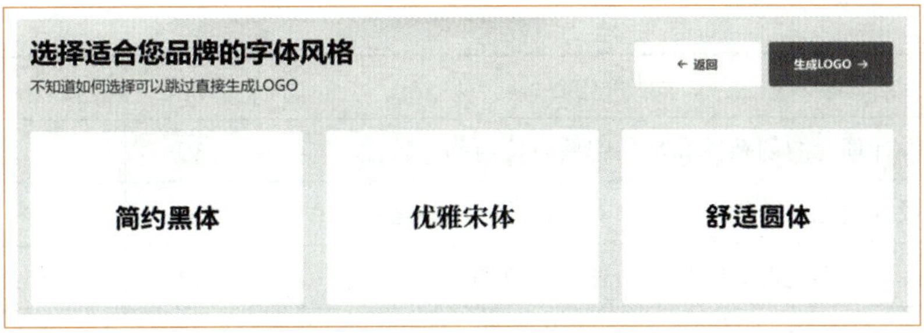

图 1–4　选择符合品牌的字体风格

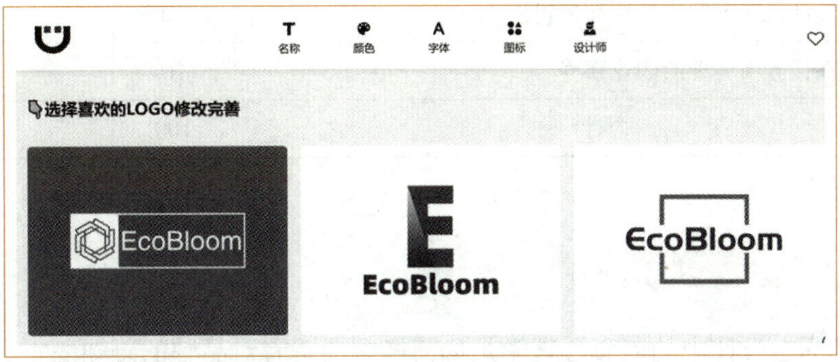

图 1–5　AI 生成初步的品牌标志

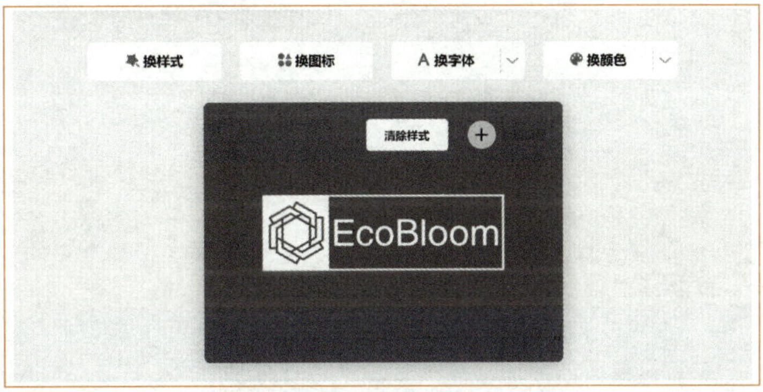

图 1–6　优化品牌标志

任务评价

序号	评价内容	分值	自评	小组评
1	对目标市场和用户需求的调研深度及分析准确性	10		
2	品牌定位的清晰度和与市场调研的一致性	10		

续表

序号	评价内容	分值	自评	小组评
3	设计理念的创新性和与品牌核心价值的一致性	10		
4	设计过程中的创意发展和人工智能技术的运用	20		
5	品牌标志的视觉效果和品牌传达效果	10		
6	小组成员之间的协作和角色分工的合理性	10		
7	对外部评审和反馈的整合能力	10		
8	设计说明书的完整性和逻辑性	10		
9	在任务中展现的职业素养	10		
合计		100		

课后复习与思考

1. 品牌标志设计中的色彩心理学是如何影响消费者对品牌的感知的？
2. 在设计 EcoBloom 品牌标志时，如何平衡创新与品牌识别之间的关系？
3. 如何利用 uBrand 在线平台的 AI 工具来提升品牌标志设计的效率和质量？

项目二 商品选品管理

项目背景

通过上一个项目的学习，小明已经体会到品牌管理的重要性。接下来，小明需要选择合适的商品进行经营。

商品定位和选品是商品经营的首要工作，是网店经营者针对目标消费者和网店经营的实际情况，动态分析确定商品的经营结构，以实现商品配置的最优化状态。那么，小明应该选择男性、女性、婴幼儿、青少年的商品，还是老年人的商品呢？是选择定价高的商品还是定价低的商品呢？一系列问题困扰着小明。

如何合理定位商品？如何开展选品？选品有什么有效可行的方法？本项目我们来学习商品定位和选品的入门知识，学习商品定位的内容和方法，学习选品的原则、方法及基本步骤，学习以淘宝为代表的需求导向选品，学习以1688为代表的供应导向选品以及以抖音为代表的新媒体导向选品。本项目内容帮助大家打开选品的思路，解决在经营网店过程中定位不清、选品不准的问题，为后续的商品采购打好基础。

职业岗位

岗位名称： 选品专员

选品专员是需要根据企业经营和发展的需求，通过收集市场信息，深度纵横比较商品价格、品质和渠道等情况，并通过适当的技术手段，分析汇总数据，筛选出适合经营商品的一种重要的岗位。

岗位职责：

作为选品专员，不仅需要有对产品独特的审美眼光、对市场的敏感度，还需要有对各种繁杂信息进行搜索和筛选的综合判断能力。因此，选品专员的工作职责主要有以下几点：

1. 负责挑选电商售卖商品，根据时间、热点挖掘潜在爆品和流行品。

2. 定期分析、复盘现有商品数据，对商品种类、品牌和价格有建设性意见，优化选品方案。

3. 与商品供应商建立联系，独立完成前期选品和谈判，保证价格。

4. 管理样品商品，建立管理流程，妥善管理商品的进出库。

5. 协助产品主管了解用户需求，编写产品需求说明，并协调公司产品的研发、测试、实施和服务等工作，进行产品的相关市场分析和同行业竞争水平的分析。

6. 协助产品主管进行产品市场活动、推广方案的策划和执行，并且在市场活动中负责产品讲解和演示等操作，需撰写和制作各种产品宣传文档等。

任务一　确定商品定位

任务目标

• 知识目标：

理解商品定位的概念，掌握商品定位的特征，了解商品定位的内容，掌握商品定位的步骤，掌握商品定位的方式。

• 能力目标：

能对网店商品进行合理定位。

• 素养目标：

培养学生正确的世界观、人生观、价值观，树立实事求是的工作作风。

案例导入

京东超市启动“3 个 100”计划

京东超市联合时尚芭莎及近 300 家知名个人护理类商品品牌共同举办的 2024 首届个护行业发展大会在沪举行。京东超市启动个人护理类商品“3 个 100”三年翻倍计划，在未来三年扶持 100 个新锐品牌，每年打造 100 个行业影响力产品，助力 100 个 POP 商家实现顶级跃迁。

京东超市将个护品类作为战略重点，将聚焦“好商品、好营销、好服务”，通过百亿补贴、营销布局等，强化供应链、技术赋能与用户体验，提升品牌价值。据《2024个护行业趋势洞察报告》，个护美妆化趋势加强，呈现成分专业化、洗护精细化等四大消费趋势。消费者偏爱性价比高的组套装。京东超市首推“洗护小美盒”试用计划，联合数十家品牌，首批17款组套已上线。

思考：

1. 京东超市“3个100”计划的商品定位是什么？
2. 商品定位对企业经营会产生哪些影响？

知识介绍

一、商品定位的概念

商品定位是指网店经营者针对目标消费者和网店经营的实际情况、动态分析确定商品的经营结构，以实现商品配置的最优化状态。商品定位包括对商品品种、档次、规格、价格、服务等方面的定位，既是网店经营者对市场判断分析的结果，又是网店经营理念的体现，通过商品定位可设定网店在消费者心目中的形象。

商品定位是一种经营策略，商品定位正确与否，结构是否合理，能否保持正常运转，关系到网店的生存与发展。消费者对商品的评价主要是看其功能和所代表的形象是否满足他们需要的程度。成功的商品有一个共性，就是始终如一地将商品的功能与消费者心理上的需要联结起来，通过这种方式将商品定位明确地传递给消费者。一种商品特别是知名商品的影响是消费者心中被唤起的想法、情感、感觉的综合，因此，只有当消费者心目中关于商品定位的内容得到认可，网店为此进行的各种活动才会有价值。

动画

商品定位

二、商品定位的特征

商品定位的特征主要有长期动态性、特色竞争性。

（一）长期动态性

网店只有本着长期满足消费者需求而非获得短期利益的愿景，才能在消费者心中树立良好的网店形象。因此，商品定位是一个长期的过程。同时因消费者的需求会因市场环境的影响而不断发生变化，所以商品定位需要不断地调整，以适应消费者的需求，因此商品定位也是一个动态的过程。

（二）特色竞争性

特色，是指网店定位的商品需要有特色，能够在众多竞品的比较中具有自身独特之处。没有特色的商品在市场中只会失去竞争力，只会淹没在商品世界里而少有问津。只有与众不同，才能被消费者发现、关注、选择、购买并回购，才能赢得竞争优势。最持久的竞争优势，就是让消费者认为此家网店的商品比其他网店的要好。

知识拓展

行业五新——商品选品领域的新知识

智能 AI 自动化选品

在数字经济的背景下，智能 AI 自动化选品系统成为关键，通过深度学习和强化学习算法，实现精准的市场趋势预测和客户需求分析。同时，多源数据融合、客户画像构建、实时市场监测等技术，也为选品提供了更为全面、精准的信息支持。此外，社交电商、直播带货等新型商业模式，以及个性化、差异化消费趋势的兴起，也影响着商品选品的策略和方向。

三、商品定位的主要内容

（一）目标市场定位

目标市场定位，就是根据市场细分的原则来确定商品的市场位置。这里所说的市场，是经过细分以后的市场。例如，是主要面向男性消费者的市场，还是面向女性消费者的市场；是主要面向婴幼儿的市场，还是青少年或者老年人的市场；是主要面向拥有较强购买力的消费人群，还是工薪阶层普通消费人群等。

（二）商品品类定位

商品品类定位是网店商品定位中重点考虑的问题之一。流通的商品数以亿计，网店不可能选择所有商品进行经营。因此，需要网店经营者经过详细调研与综合分析，精心选择商品品类，把重点商品品类做精、做细、做得与众不同。

（三）商品档次定位

品牌代表着商品的质量，体现了经营店铺的形象和信誉，体现了目标市场的价值观念和兴趣爱好。网店经营商品的品牌知名度，代表了店铺的档次。对于大多数消费者来说，同样的价格，他们会选择品牌商品。网店经营者应根据大多数顾客的消费习惯，明确店铺的商品品牌定位。

想一想

怎样的商品比较适合在网上进行销售呢?

(四)商品价格定位

通常情况下，商品的档次与商品的价格相对应。价格定位是商品定位中最令人难以捉摸的内容。一方面，价格是店铺获取利润的重要指标，最终会直接影响店铺的盈利水平；另一方面，价格也是消费者衡量商品的一个主要因素，对价格的敏感度将直接决定消费者的最终消费方向。

价格定位主要有以下三种：

1. 高价定位

采用高价定位，商品的优势必须明显，使消费者能实实在在地感觉到物超所值。

2. 低价定位

在保证商品质量和店铺一定的获利能力的前提下，采取薄利多销的低价定位策略容易进入市场，而且在市场竞争中的优势也会比较明显。

3. 中价定位

价格介于高价和低价之间，在目前全行业市场都流行低价定位策略或者高价定位策略时，网店采用中价定位，可以在市场中独树一帜，吸引消费者的注意。

商品的价格定位并不是一成不变的，在不同的营销环境下，在商品生命周期的不同阶段，在网店发展的不同阶段，价格定位可以相应地灵活变化。

(五)商品服务定位

网店与实体店相比，缺少商品的体验感。因此网店经营者需要加强与顾客的沟通，这样顾客才会有兴趣尝试网上消费，并享受网购过程中的良好体验。网店可以合理合法地联系顾客，当商品销售后，网店客服可以进行回访，了解客人的满意度和意见。充分做好售后工作，提高客户再次光临网店购买的欲望。

随着社会的高速发展，消费者对商品服务的要求越来越高。为消费者提供优质的商品服务，能有效提升网店的口碑，获得消费者的忠诚度。

想一想

商品定位有这么多内容，那具体怎样实施呢?

四、商品定位的方式

根据不同的战略思想，商品定位通常有三种方式。

（一）避强定位

避强定位是在目标市场中避开强有力的竞争对手的一种定位方式。网店经营者可以根据自己的资源条件另辟蹊径，将自己的产品定位在另一个市场区域，使自己的产品特色与竞争对手存在明显的差异，以取得相对的优势地位。

（二）对抗性定位

对抗性定位是为了争夺同一细分市场，与市场中占支配地位的竞争者主动对抗的定位方式。虽然从竞争者那里“虎口夺食”可能困难重重，但是一旦成功就能取得较大的市场优势，获取巨大的市场份额。

（三）重新定位

重新定位是一种面临外界压力造成的危机情况或者出现新的消费趋势或新的消费群体时的选择。网店经营者做出这种选择时必须慎重，因为这样可能引起商品忠诚者的反感，也可能使网店定位模糊。

小提示

商品定位并不是定位好了之后就一成不变的，是可以根据网店的发展进行调整的哦！

任务实施

典型岗位任务：制定商品定位方案

企业在对自己经营的商品进行定位的时候，往往会存在定位不明确的问题，让消费者分辨不清其商品定位到底是什么，无法从商品定位过渡到自己的需求，从而弱化了企业的商品在消费者心中的形象。

在制定商品定位方案中，需明确自身店铺定位、目标市场定位、自身商品优势定位、价格定位、服务定位等，同时还要充分掌握市场情况，了解竞争者的定位，以便制定合理可行的商品定位方案。

任务目的

通过制定网店商品定位方案的训练，理解商品定位的重要性，了解商品定位的内容，培养分析资料与数据的能力，掌握商品定位的实施方法。

任务内容

根据自己的网店情况，结合市场调查的情况，制定合理的商品定位方案。

任务要求

制定商品定位方案过程中，需要结合本任务的知识，明确商品定位的主要内容，使方案合理，具备可行性。

任务步骤

第一步：学习商品定位知识

学习商品定位的概念、商品定位的特征、商品定位的主要内容 / 商品定位的方式。

第二步：市场与竞争分析

分析如何进行市场调研，包括在线问卷、社交媒体分析和网络爬虫数据收集。分析竞争对手的商品定位，识别市场空缺。

第三步：目标客户群体分析

使用人口统计学、心理特征和行为模式来定义目标客户。讨论目标客户的需求、偏好和购买动机。

第四步：商品特性与价值主张

分析现有商品的特性和优势，确定它们能满足目标市场的哪些需求。制定清晰的价值主张，说明商品为何与众不同，以及能为顾客带来什么价值。

第五步：商品定位策略制定

基于前几步的分析，确定商品的核心定位点。制定商品定位策略，包括价格策略、营销渠道和推广方式。

第六步：实施计划与预算

制订商品定位的实施计划，包括时间表、关键里程碑和负责人。讨论预算分配，确保资源有效利用。

第七步：风险评估与调整

识别实施过程中可能遇到的风险，如供应链问题、市场需求变化等。讨论应对策略，如备选供应商、灵活的营销策略等。

第八步：方案汇报与反馈

小组展示商品定位方案，包括定位策略、实施计划和预期效果。同学和教师提供反馈，评价方案的创新性、可行性和市场适应性。

第九步：总结与课后作业

回顾本次实训的重点，强调商品定位的动态性和持续优化的必要性。分配课后作业，如监测并分析竞争对手的商品定位调整，或模拟执行一项定位策略。

任务评价

序号	测评内容	分值	自评	小组评
1	店铺定位明确	10		
2	目标市场定位明确	10		
3	自身商品特点分析明确	10		
4	竞争者商品分析明确	10		
5	商品品类定位明确	10		
6	商品价格定位明确	10		
7	商品档次定位明确	10		
8	商品服务定位明确	10		
9	能将商品的特征与目标市场相结合	10		
10	素养目标的达成	10		
合计		100		

案例评析

京东超市的“3个100”计划，其核心商品定位在于深度挖掘并扶持个人护理类商品市场的新锐力量，通过精心挑选并培育100个具有创新潜力的新锐品牌，每年精心打造100款具有行业影响力的产品，以及全力支持100家POP商家实现业务跃升，共同推动个人护理市场的多元化与专业化发展。

商品定位作为企业经营战略的核心组成部分，对企业经营的影响深远而广泛。它能帮助企业明确市场定位，精准捕捉目标消费者的需求与偏好，从而优化资源配置，确保产品研发、生产、营销等关键环节的高效运作；同时，商品定位也是塑造和提升品牌形象的关键，通过满足消费者期望，增强品牌忠诚度，进而提升市场竞争力。

课后复习与思考

1. 什么是商品定位?
2. 商品定位有哪些特征?
3. 简述商品定位的内容。
4. 商品定位有哪些方式?

任务二　制定选品方案

任务目标

• 知识目标：

了解选品的概念，领悟选品的原则，掌握选品的基本步骤，认识选品的方法，了解选品的工具。

• 能力目标：

能运用合理的方法、使用合适的工具进行选品。

• 素养目标：

培养学生解决群众困难与服务社会的能力，树立服务意识，增强对社会主义核心价值观的践行力。

案例导入

直播选品四级团队助力电商赋能乡村振兴

青岛邮政直播中心团队负责人杨琳介绍，为了更好地促进当地农产品销售，除了利用邮乐、抖音、淘宝等平台进行直播带货，还组建“省—市—区县—网点”的直播选品四级团队，深入田间地头寻找产品，建立云网选品智库，提升广域选品能力，并帮助农户策划销售方案，设计产品包装，进一步打开销路。

思考：

1. 直播选品团队由哪四级组成？
2. 选品对电商经营具有哪些影响？

知识介绍

全国报业电商深入藏区选品助力群众增收

一、选品的概念

选品，即选择商品。具体是指网店经营者根据自身的定位和条件，结合商品市场和经营环境的实际情况进行综合分析，选择适销对路的商品进行经营的过程。

电商行业中有着“七分靠选品，三分靠运营”的说法，一语道破了“选品”在网店运营中的重要性。选品是网店成功的关键，如果选到一款好商品，不仅该商品能得到好的销量，还能带动整个店铺的流量、收藏量、销量等店铺的关键经营数据，提升店铺的权重。一旦选品出了问题，不仅是单品不能盈利，还会影响整个店铺的运营。即使在日后的运营中投入大量的精力做各种推广引流，也只会昙花一现，徒劳无功，最终使网店的经营陷入被动。

小提示

“七分靠选品，三分靠运营”，由此可见选品是一项非常重要的工作！

知识拓展

动画 商品选品

行业五新——商品选品领域的新工艺

在数字经济背景下，商品选品领域的新工艺之一是利用人工智能和机器学习技术进行智能选品。例如，通过使用像 Deepseek 这样的工具，电商经营者能够基于大数据分析和算法模型预测市场需求，识别出具有潜力的商品。这种技术可以通过处理大量的历史销售数据、市场趋势、消费者行为等信息，自动筛选出可能成为爆款的产品。智能选品工具可以提供详细的市场洞察报告，包括产品的供需平衡度、竞争程度及潜在的增长空间。这些工具还能帮助商家评估新进入市场的风险，并根据实时数据调整库存策略。

二、选品的原则

选品是网店运营的一项重要工作，尽管不同行业的选品方法不同，但在选品过程中，都需要遵循以下原则。

（一）质量优先原则

质量优先原则，是指在选品过程中把商品的质量因素放在首位，优于其他考虑因素，享有最高优先级的原则。

商品的品质，要以国家或国际有关法规、商品标准或订购合同中的有关规定作为衡量标准。选品时既要从商品的内在质量进行选择，包括实用性、可靠性、寿命、安全、卫生等在生产过程中形成的商品体本身固有的特性；同时也要从商品的外观质量进行选品，包括商品外观构造、质地、色彩、气味、手感、表面疵点和包装等。此外，还要考虑商品的社会质量，如是否违反社会道德，是否对环境造成污染，是否浪费有限资源和能源等。

（二）消费需求原则

消费需求原则，是指在选品过程中需要依据市场的消费需求导向进行商品选择的原则。

“有需求才有市场，有市场才有发展”。选品前，运营者需要进行充分的市场调查，寻找市场上尚未被满足的消费者需求，根据市场的消费需求对商品进行定位，推出有潜力、有市场的商品。网店可通过把控消费者的需求点，来保证商品符合市场的消费需求。只有商品符合了消费需求，才能获得更多成交的可能。相比之下，市场消费需求小的商品，会出现网店访客少、商品订单少等问题，直接影响店铺的权重，给店铺运营带来很多的难题。因此，选品过程要遵循消费需求原则，要做好市场调查与分析，做好目标人群定位，根据消费者需求进行选品，选择适合市场消费需求的商品。

（三）性价比原则

性价比是商品的性能值与价格值之比，是反映物品的可买程度的一种量化的计量方式。无论是商家进行选品采购，还是消费者选购商品，性价比都是选购商品的一项重要指标。性价比原则，是指在选品过程中需要货比三家，以“品质好、价格低、性价比高”为原则进行选品。

网络消费日趋成熟，消费者不再以价格作为选购商品的唯一因素，也不再一味追求低价格的商品。消费者一般会考虑商品的性价比，性价比越高的商品，吸引消费者购买的概率也就越大。

（四）生命周期原则

生命周期原则，是指在选品过程中根据商品所处的生命周期而做出选品判断的原则。商品都存在一个生命周期，在市场营销学中，商品的生命周期被分成了四个部分：引入期、成长期、成熟期和衰退期。

引入期是商品生命周期的开始，是商品刚进入市场的时期。在这个阶段，经营者、消费者对商品不甚了解、存在疑心；商品销量少，销售速度缓慢增长；商品生产批量小，某些技术问题尚未解决；生产成本高，推销费用大，特别是“广告大战”花费更大，往往发生亏损。

成长期的商品已为广大的潜在消费者所了解和熟悉，商品生产成本下降，销量增加，利润上升。

成熟期的商品已为广大消费者所接受。商品销量稳定，甚至达到顶峰，继而缓慢下滑；利润相应地不再继续保持增长的势头，只是维持在较稳定的水平上。

衰退期商品的生命进入寿终时期，销量迅速下降，利润减少，直到商品被淘汰而退出市场。然而，此时的商品仍有一定的使用价值，即商品的自然生命仍存在，但商品的经济生命已结束。

（五）量力而为原则

量力而为原则，是指在选品过程要根据网店经营者的自身情况（目标定位、资金、个人偏好和专业程度等）进行合理选品，不要超出自身能力范围。

小提示

选品原则适用于各种商品，具有广泛的适用性。大家在选品时，都要对照一下，看看是否遵循了这些原则！

三、选品的方法

常用的选品方法有很多，按选品标准和参考条件的不同，有以下几种常用的选品方法。

（一）热销榜单选品法

热销榜单选品法是通过分析平台热销榜单，以商品在市场中的销售情况为依据的选品方法。各大电商购物平台，一般都有商品的热销榜单，提供完整的各个类目商品的畅销排行榜，可以在选品上给网店经营者提供参考，使其了解市场近期销量排行靠前的商品。热销榜单一般根据商品的实时销售情况和历史的销售情况来进行排名，反映了市场对该类商品的接受能力及消费者对该类商品的购买能力。

（二）平台热词选品法

平台热词选品法是通过调研用户对商品的搜索情况，以市场对商品需求度为依据的选品方法。在电商购物平台上选购商品时，消费者一般都是通过搜索关键词找到心仪的商品再进行购买的。所以根据商品词的搜索量进行选品也是一个简单有效的方法。搜索量多的就说明该商品的市场需求潜力大，同时看搜索量的增长趋势还能够分辨出该商品目前处于的需求阶段是什么。网店经营者根据热词分析得出的数据，可以选到容易打造爆款的商品。

（三）同行选品法

同行选品法是通过观察市场中同类网店，以竞争店铺的选品情况为依据的选品方法。同行选品法可以判断竞争对手的专业度，如果同类卖家是“老手”，而且还有价格优势，建议不要与这类卖家进行正面的选品竞争。我们可以选择商品的其他细分市场，进行差异化的选品定位。例如，行业资深的竞争对手经营的商品是各种款式的服装，我们可以选择“童装”这一细分市场进行选品，避开正面竞争。

（四）高利润率选品法

高利润率选品法是通过计算商品的运营成本，以追求高的商品利润率为依据的选品方法。利润率是销售商品获得的利润与成本的比值，商品的利润率越高，网店的盈利能力越强。由于商品的成本由多方面构成，而且有的成本是在销售过程中甚至在售后才发生，因此本方法需要对商品未来成本和销量有良好的预判性。预测准确，选品就容易成功，反之很可能无法达到预期利润甚至出现亏损。

（五）品牌选品法

品牌选品法是基于对优质品牌的认可和信任，对品牌商品的特点、周期、毛利率、服务保障及品牌知名度、美誉度等多个维度进行综合评判的选品方法。品牌是消费者对商品品类及商品系列的认知程度，如果同一品类有多个品牌可以选择，则可以保留一线品牌，放弃二三线品牌。如果一线有多个品牌选择，则保留趋势好、利润高、服务好的品牌进行选品。选择管理规范的品牌，不仅铺货容易，而且可以让客户产生黏性和忠诚度，尤其是利润可观的品牌商品，对网店的经营十分有利。

（六）热点选品法

热点选品法是一种基于社会热点进行选品的方法。在现代信息社会，一个热点能引起社会的广泛关注，并通过网络进行传播和发酵。热点的出现，往往可以带动周边商品的一波热潮，网店经营者如果能够敏锐地捕捉此类热点信息，可为选品提供了有力的参考依据。热点可以通过短视频带货、社交平台的热点话题、网络热词、热点新闻、热门事件等渠道进行获取。依据热点进行选品，往往只是在短期内吸引人气和流量，持续时间一般不会很长，因此需要网店经营者经常关注各种渠道信息，及时把握热点带来的商机。

小提示

选品方法各有特点，需要我们深入领悟根据不同的环境灵活选用。

四、选品的工具

选品是网店运营中一项重要的工作，不能凭感觉或者个人的喜好随意进行。选品需要通过真实的市场调研，掌握客观的行业商品数据，经过科学的分析来做出选择。“工欲善其事必先利其器”，如果我们掌握并运用专业的工具进行辅助，就能使选品工作更为精准、高效。

以下是常用的选品工具。

（一）生意参谋

生意参谋（见图 2–1）集数据作战室、市场行情、装修分析、来源分析、竞争情报等数据产品于一体，是商家统一的数据产品平台，也是大数据时代下赋能商家的重要平台。

图 2–1　生意参谋

（二）巨量算数

巨量算数（见图 2–2）是巨量引擎旗下的内容消费趋势洞察品牌。它以今日头条、抖音、西瓜视频等内容消费场景为依托并承接巨量引擎的数据与技术优势，输出内容趋势、产业研究、广告策略等洞察与观点。同时，开放算数指数、算数榜单、抖音垂类等数据分析工具，满足品牌主、营销从业者、创作者等的数据洞察需求。

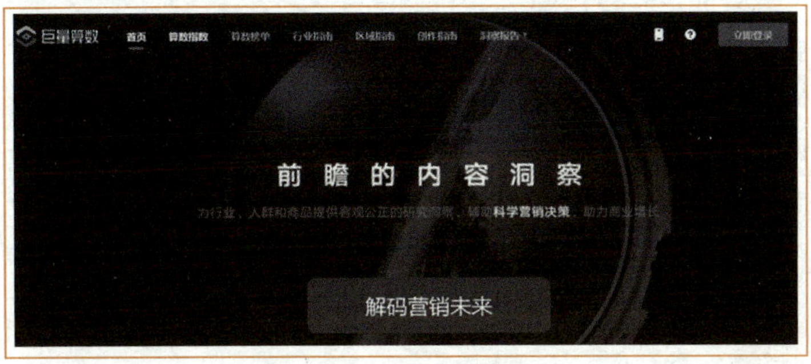

图 2–2　巨量算数

（三）蝉妈妈

蝉妈妈（见图 2–3）是一款专门为电商从业者设计的数据分析工具，特别针对短视频和直播电商平台，如抖音、快手等。蝉妈妈为用户提供了详尽的数据分析服务，包括达人（网红）直播带货数据、商品销售数据、热门视频和素材分析等。这些数据可以帮助用户了解市场趋势、竞品情况和消费者偏好。借助蝉妈妈的爆款产品查询功能，用户可以识别出哪些商品在平台上表现突出，从而辅助自己的选品决策。

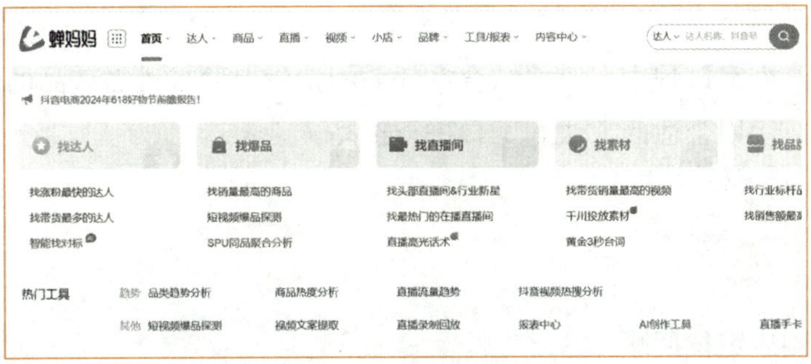

图 2–3　蝉妈妈

小提示

利用好这些工具提供的专业数据，可以为我们的选品决策提供更为有效的帮助！

任务实施

典型岗位任务：制定网店选品方案

企业在开展选品工作前，都会制定具体可行的选品方案。方案的质量直接影响到选品的效果，优秀的选品方案是选品成功的重要保障。在制定选品方案的时候，需要运用本任务的内容。在认识选品的概念和重要性的基础上，遵循选品原则，规划选品步骤，细化选品工作，明确选品方法和使用工具，力求制定符合企业需求的选品方案。

任务目的

通过制定网店选品方案，体会选品的重要性，运用选品的原则和基本方法，学会为自己的网店进行合理的选品。

任务内容

根据自己的网店定位，制定合理的选品方案。

任务要求

在设计选品方案过程中，需要结合本任务的知识，要求遵循选品的原则，根据选品的基本步骤，运用合适的方法和工具进行选品。

任务步骤

第一步：网店定位回顾

复习上一个任务关于商品定位的课程内容。讨论网店的目标市场、顾客画像和核心价值主张。

第二步：市场趋势分析

学习如何使用行业报告、社交媒体趋势和关键词搜索数据来识别热门产品类别。分析当前市场上的热销商品，讨论潜在的增长领域。

第三步：顾客需求研究

学习如何进行顾客调研，包括问卷调查和访谈。分析顾客反馈，确定未被满足的需求和痛点。

第四步：竞争分析

分析竞争对手的产品线，找出市场空白。讨论如何利用竞品分析来发现潜在的选品机会。

第五步：选品原则与策略

学习选品的概念、选品的原则、选品的基本步骤、选品的方法、选品的工具，讨论如何根据这些原则制定选品策略。

第六步：商品筛选与评估

使用评估方法来比较不同产品的市场潜力和风险。

第七步：供应商选择

寻找可靠的供应商，包括在线平台和行业展会。强调供应商质量控制和成本效益的重要性。

第八步：试销与市场测试

介绍如何小规模试销新产品，收集市场反馈。讨论如何根据测试结果调整选品方案。

第九步：选品方案汇报与讨论

小组分享选品方案，包括产品列表、市场分析和预期成果。进行班级讨论，互相评价方案的创意性和可行性。

第十步：总结与后续行动

总结选品过程中的关键学习点。讨论如何持续监控市场变化，适时调整选品策略。

任务评价

序号	测评内容	分值	自评	小组评
1	商品定位明确	10		
2	符合选品原则	10		
3	选品步骤具体可行	20		
4	选品方法合理有效	20		
5	选品工具操作得当	20		
6	素养目标的达成	20		
合计		100		

案例评析

直播选品团队由四级组成，分别是省级团队、市级团队、区县团队和网点团队。青岛邮政为了促进当地农产品的销售，组建了这一四级直播选品团队，他们深入田间地头寻找优质产品，通过建立云网选品智库，提升广域选品能力，确保选出的产品符合市场需求和消费者喜好。

选品对电商经营具有重要影响。优质的选品能够吸引更多消费者，提升销售额和市场份额。青岛邮政通过深入田间地头寻找产品，建立云网选品智库，帮助农户策划销售方案和设计产品包装，确保了选品的优质性和市场竞争力，从而进一步打开了销路，提升了邮政直播服务“三农”的社会影响力，带动了全市农产品销售额的大幅增长。

课后复习与思考

1. 什么是选品？
2. 选品需要遵循哪些原则？
3. 选品有哪些方法？
4. 选品可以运用哪些工具？

任务三　淘宝平台选品

任务目标

• 知识目标：

认识淘宝选品的优势，了解淘宝选品的思路，认识淘宝适用的选品法。

• 能力目标：

能运用淘宝选品的思路和方法，在各网购零售平台进行选品。

• 素养目标：

培养学生的法治意识，树立依法办事的观念，努力做一名知法、守法、护法的好公民。

案例导入

2024年淘宝年度十大商品

2024年12月23日，淘宝正式公布2024年度十大商品榜单。丑鱼拖鞋、太空船票、一级能效空调、无边抱枕、谷子、蕉绿绿植、“不要脸”防晒服、打工人立牌、数字卡券、黑神话悟空概念商品，成为十件年度商品。

淘宝年度十大商品榜单已延续多年。每年，淘宝都根据当年的淘宝热搜指数、热销趋势公布一份入围名单，并综合网友投票、专家评审等多轮程序后，正式发布十件最具代表性的热销商品。

淘宝年度十大商品折射出多元的社会图景，见证着消费活力和流行变迁，也承载着年度国民记忆。

思考：

淘宝年度十大商品榜单对商品选品有什么作用？

知识介绍

一、淘宝选品概述

淘宝网是一个具有行业影响力的网购零售平台，由阿里巴巴集团在2003年5月创立。淘宝拥有近5亿的注册用户数，每天有超过6 000万的固定访客，每天的在线商品数已经超过了8亿件，平均每分钟售出4.8万件商品。

辛某被爆“售假”600万元背后

根据Brand Finance发布的报告，淘宝网在2024年的品牌价值为201亿美元。在2024年Brand Finance全球500强榜单中，淘宝网位列第96位，这显示了其在全球范围内的品牌实力和影响力。

以淘宝网为代表的网购零售平台，聚合了市场的各种消费需求，因此搜集调研淘宝网的商家和商品信息，可以让商家了解网购零售市场行情，为商家的选品提供真实客观的参考依据。

淘宝选品的思路和方法，可以拓展到同类的网购零售平台，如天猫、京东、拼多多等。

动画

淘宝选品

小提示

淘宝选品不是开淘宝店如何选品，而是通过淘宝网所代表的各网购零售平台进行选品。

知识拓展

行业五新——商品选品领域的新技术

商品选品领域的一项重要新技术是大数据分析与人工智能的结合使用。通过这种方式，商家能够从海量的数据中提取有价值的市场洞察，并据此做出更加精准的商品选择决策。例如 THunt 和特喵数据这样的选品工具，它们不仅提供了商品数据分析和评论分析，还能帮助商家了解价格趋势和订单量等关键指标。这使得商家可以根据实时数据调整自己的选品策略，优化库存管理，并提高营销活动的效果。

二、适用的选品法

对应上一个任务所介绍的常用选品方法，淘宝选品适用的选品方法包括热销榜单选品法、平台热词选品法、同行选品法。

（一）热销榜单选品法

热销榜单选品法是通过分析平台热销榜单，以商品在市场中的销售情况为依据的选品方法。淘宝可以通过搜索“天猫榜单”获取热销榜、好价榜、新品榜、好评榜等信息。这种选品方法可以在选品上给网店经营者提供参考，了解市场近期销量排行靠前的商品以及有发展潜力的商品（见图 2–4）。

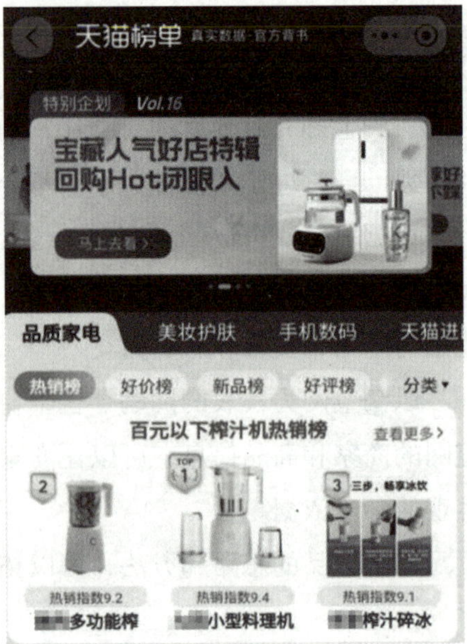

图 2–4　淘宝排行榜

此外，通过“生意参谋”的“商品”和“市场”模块，可以获得商品排行、市场排行、品牌排行等重要的行业市场数据（见图 2–5）

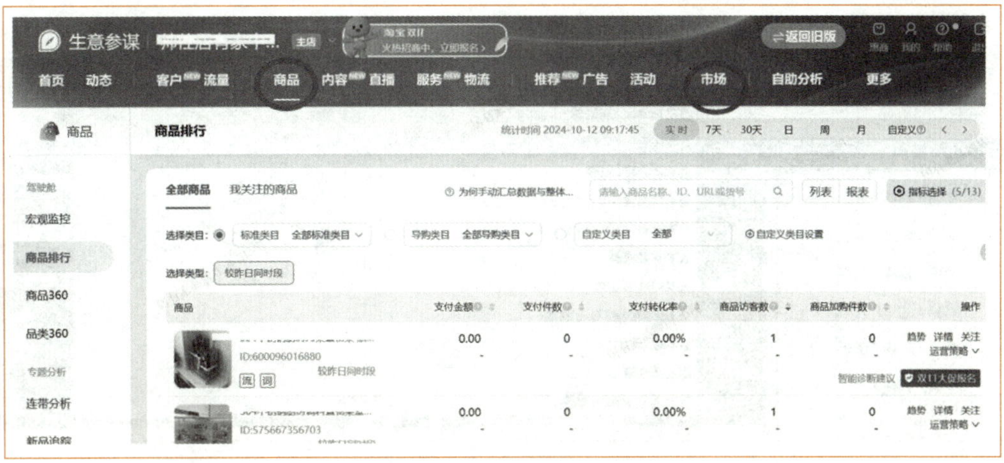

图 2–5 生意参谋

（二）平台热词选品法

平台热词选品法是通过平台的热词了解用户对商品的搜索情况，以平台用户对商品的需求热度为依据的选品方法。

淘宝在搜索栏中（见图 2–6 中①）会显示当前热门的词提示消费者，在搜索栏下方（见图 2–6 中②）也列出了平台当前的热词，引导消费者进行搜索选购。

在搜索商品时，搜索栏也会进行该商品的关联热词提示（见图 2–7）。

消费者一般都是通过搜索关键词找到心仪的商品再进行购买的，所以根据商品词的搜索量进行选品是一个简单有效的方法。搜索量多的就说明该商品的市场需求大，同时看搜索量的增长趋势还能够分辨出该商品目前处于哪个需求阶段。根据热词分析得出的数据，能帮助店家选到容易培育成爆款的商品。

图 2–6 淘宝热词

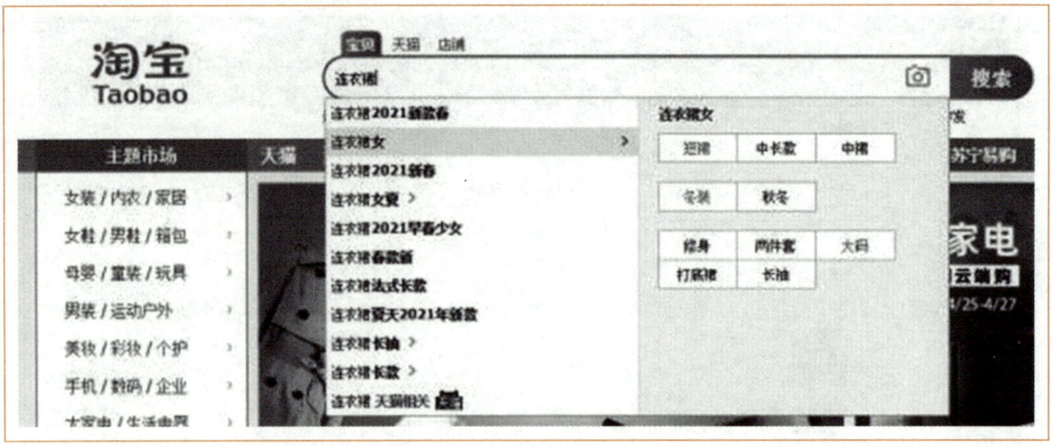

图 2–7　关联热词提示

（三）同行选品法

同行选品法是通过观察市场中同类型网店，以行业竞争者的选品情况为依据的选品方法。

在淘宝搜索页面（见图 2–8），店铺可以通过该类商品的细分，搜索定位与本店相近的同行网店，以此收集到同行店铺的销量、信用、资历、风格、服务情况以及商品种类、款式、价格等重要参考信息。

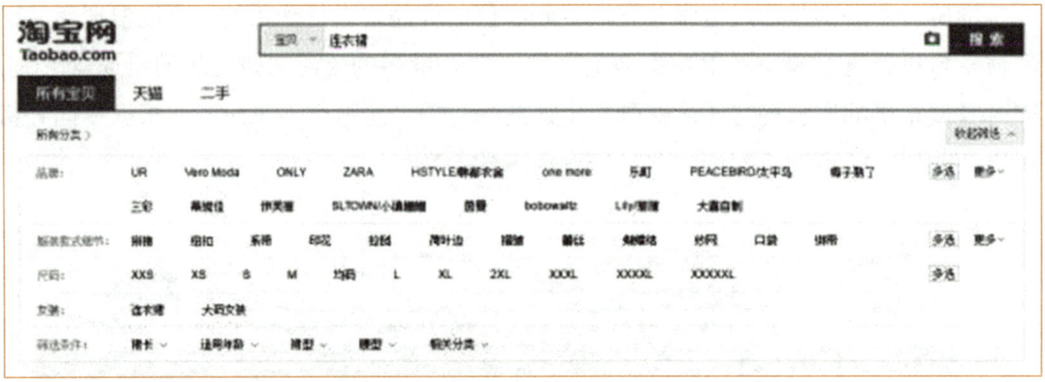

图 2–8　淘宝搜索页面

小提示

淘宝网不仅可以提供便捷的网购服务，而且能提供专业的数据参考，有助于多种选品方法的运用。

任务实施

典型岗位任务：淘宝选品

淘宝网是一个具有行业影响力的网购零售平台，以淘宝网为代表的网购零售平台聚合了市场的各种消费需求，因此通过收集调研淘宝网的商家和商品信息，可以让商家了解网购零售市场行情，为商家的选品提供真实客观的参考依据。

任务目的

通过淘宝网进行商品信息收集和选品决策分析，可以运用本任务介绍的三种淘宝常用的选品方法，掌握网购零售市场获取市场行情的方法，学会运用数据信息进行科学选品。

任务内容

运用热销榜单选品法、平台热词选品法、同行选品法等方法，通过淘宝网进行商品信息收集及分析，完成选品的决策。

任务要求

在淘宝选品过程中，需要结合本任务的知识，合理运用热销榜单选品法、平台热词选品法、同行选品法等，真实客观地收集网购市场的行情信息，结合自己网店的定位完成选品决策。

任务步骤

第一步：网店定位确认

确定网店的核心客户群、风格和销售品类。讨论网店的优势和差异化卖点。

第二步：运用热销榜单选品法

访问淘宝的热销榜单，如“淘宝排行榜”“天猫榜单”等。分析热销商品的特征，如价格区间、销量、评价、促销活动等。分组讨论，每个小组挑选出至少 5 款热销商品，并分析它们成为热销的原因。

第三步：运用平台热词选品法

使用淘宝的关键词工具，如“生意参谋”中的“市场洞察”。分析搜索热度高的关键词，探讨背后反映的消费者需求。基于热词趋势，预测未来可能热销的商品类型。

第四步：运用同行选品法

找到并分析同行业内的竞争对手。比较竞争对手的选品策略，注意他们的新品推出频率和商品组合。识别竞争对手的优缺点，寻找市场缺口。

第五步：运用拓展选品方法

引入其他数据源，如社交媒体、行业报告和消费者论坛。探讨如何结合线下市场调研与线上数据分析。结合以上所有信息来源，提出创新选品建议。

第六步：综合分析与选品决策

汇总所有收集到的信息，包括热销榜单、热词趋势和竞品分析。利用数据分析工具，如 Excel 或专业市场分析软件，整理数据并制作报表。基于数据分析结果，每个小组制定一份选品决策报告，列出推荐引入的商品清单。

第七步：选品决策汇报与讨论

小组代表展示选品决策报告，解释选品逻辑和预期效果。开展班级讨论，评估各组选品方案的可行性和创新性。强调选品决策的科学性和市场导向性。

第八步：总结与实践规划

总结本次实训的关键学习点。讨论如何将选品决策付诸实践，包括采购、库存管理与营销策略。规划后续的市场监测和选品调整计划。

任务评价

序号	测评内容	分值	自评	小组评
1	商品定位明确	10		
2	正确运用热销榜单选品法	20		
3	正确运用平台热词选品法	20		
4	正确运用同行选品法	20		
5	正确运用拓展方法选品	20		
6	素养目标的达成	10		
合计		100		

案例评析

淘宝年度十大商品榜单对商品选品具有显著导向作用。它基于热搜指数和热销趋势，经过多轮筛选评审，代表了当年最具代表性的热销商品，反映了消费者的偏好和市场趋势。商家可据此洞察市场需求，调整和优化商品结构，紧跟消费潮流，提高选品的准确性和市场竞争力。同时，榜单也为消费者提供了购物参考，促进了商品信息的流通与消费决策的形成。

课后复习与思考

1. 淘宝网是什么类型的平台？
2. 为什么网络零售平台可以作为选品的平台？
3. 淘宝选品适用的选品方法有哪些？

任务四 1688平台选品

任务目标

- 知识目标：

认识 1688 选品的优势，了解 1688 选品的思路，认识 1688 适用的选品法。

- 能力目标：

能运用 1688 选品的思路和方法，在各网络采购平台进行选品。

- 素养目标：

培养学生洞察市场与客观分析的能力，树立实事求是的职业素养，增强职业素养在实践中的应用能力。

案例导入

全国首个日用百货选品中心亮相

2024年9月11日，阿里巴巴1688全国首个日用百货选品中心在台州亮相。该中心旨在打造供需匹配最短链路，减少商家内卷，是1688的战略级项目。它由政府、1688、产业带链主和源头工厂共同运营，提供销售渠道、数字化运营和技术能力。1688强调，选品中心与货品中心有本质区别，前者提供的是经过精挑细选的源头厂货，以实现差异化竞争。

思考：

1.1688平台的功能定位是什么？

2. 如何发挥1688平台优势助力电商选品？

知识介绍

一、1688选品概述

1688（阿里巴巴批发网）是全球企业间B2B电子商务的著名品牌。1688以批发和采购业务为核心，覆盖原材料、工业品、服装服饰、家居百货、小商品等行业大类，提供原料采购—生产加工—现货批发等一系列的供应服务，为买家采购批发提供风向标。

以1688网为代表的网络采购批发平台，聚合了市场的各种供应和采购信息，因此收集调研1688平台上的商家和商品信息，可以让我们了解网购批发市场行情，为我们的选品提供真实客观的参考依据。

1688选品的思路和方法，可以拓展到同类的网购采购批发平台，如慧聪网、中国供应商、义乌购、爱采购、京满仓等。

小提示

1688选品是通过网络采购批发渠道进行选品的一种方式。

知识拓展

行业五新——商品选品领域的新标准

在商品选品领域，新标准正在不断被制定和实施，以提高商品的质量和安全性，保护消费者的权益。设定能耗标准，要求商品在使用过程中能够有效节能，减少能源消耗。随着全球对环保问题的日益重视，商品需关注国际环保标准和要求，如ISO14001 环境管理体系标准等。限制商品在生产过程中的温室气体排放，以应对气候变化。鼓励或要求商家使用可再生或可降解的材料，减少对环境的污染。

动画

1688 选品

二、适用的选品法

根据本项目任务二所介绍的常用选品方法，1688 选品适用的方法包括热销榜单选品法、高利润率选品法、品牌选品法。

（一）热销榜单选品法

热销榜单选品法是通过分析平台热销榜单，以商品在市场中的销售情况为依据的选品方法。1688 可以通过 App 搜索界面下方的榜单（图 2–9），获取平台商品的采购数据信息，如全网热搜榜、行业热销榜、买家热采榜、主题活动榜等。这些信息能在选品过程中给网店经营者提供重要的参考，使其了解市场近期采购排行靠前的商品及有发展潜力的商品。

原阿里指数现已并入“生意参谋”，通过“生意参谋”的“市场”模块，可以获得市场排行、搜索排行、渠道商品、类目挖掘、类目洞察等丰富的行业市场数据。

图 2–9　1688 的榜单

（二）高利润率选品法

高利润率选品法是通过计算商品的运营成本，以追求高的商品利润率为依据的选品方法。在 1688 的商品信息页（见图 2–10）中，网店经营者可以清晰地了解到商品的采购起批量、采购价格、优惠信息、物流费用等，这些信息可以帮助网店经营者估算商品的成本。

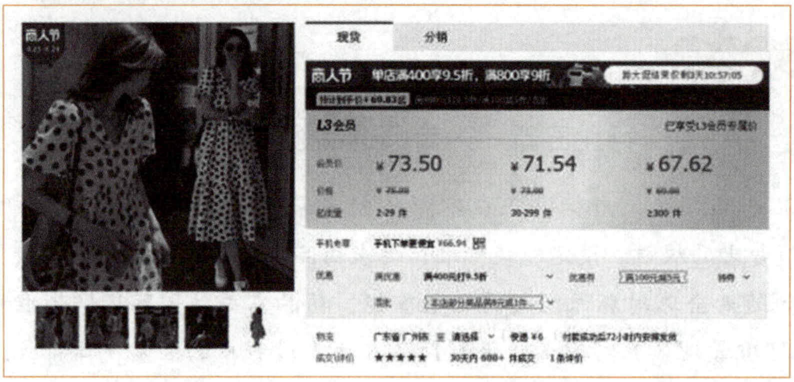

图 2-10　1688 商品信息

店家还可以通过“找同款”（见图 2-11），找到同款货源，货比三家，择优选品。

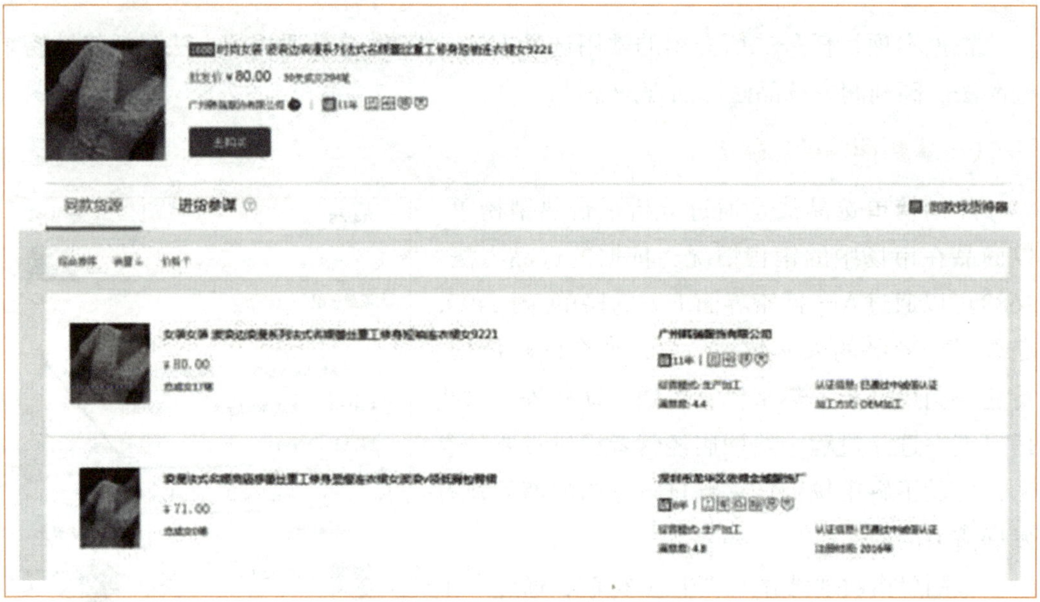

图 2-11　1688 找同款

（三）品牌选品法

品牌选品法是基于对优质品牌商品的认可和信任，对品牌商品的特点、周期、毛利率、服务保障以及品牌知名度、美誉度等多个维度进行综合评判的选品方法。

1688“找供应商”（见图 2-12）提供了对商品供货商的横向对比。搜索关键词后，平台提供了该类商品供货商整体情况，如供货商的名称、地址、供应能力以及各项供应的服务能力指标，可以使网店经营者了解供货商以及商品的情况。

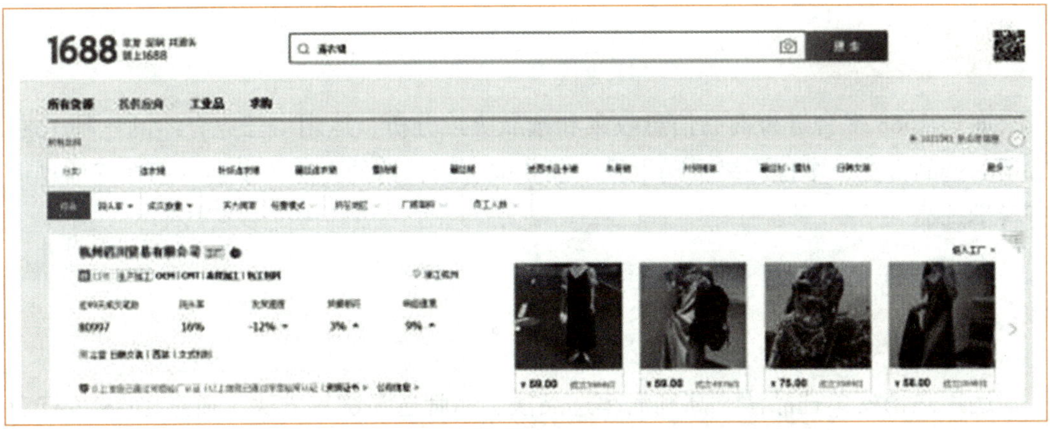

图 2–12　1688 找供应商

1688 也提供了对供货商的综合评价（见图 2–13），如综合服务、采购咨询、退换体验、品质体验、纠纷解决、物流时效。这些供货商和品牌的客观信息，有助于网店经营者选择行业的优质品牌进行选品。

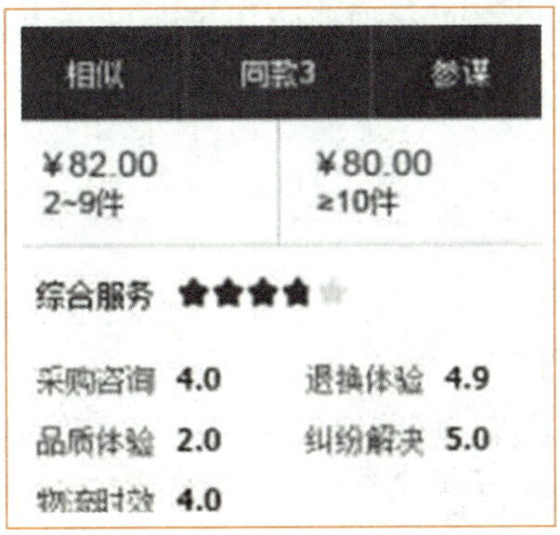

图 2–13　1688 供应商综合评价

任务实施

典型岗位任务：1688 平台选品

1688 是全球企业间 B2B 电子商务的知名品牌，以 1688 网为代表的网络采购批发平台，聚合了市场的各种供应和采购信息，因此通过收集调研 1688 平台上的商家和商品信息，可以了解网购批发市场行情，为企业选品提供真实客观的参考依据。

任务目的

通过 1688 平台进行商品信息收集和选品决策分析，运用本任务介绍的三种 1688 常用的选品方法，掌握网络采购批发市场获取市场行情的方法，学会运用数据信息进行科学选品。

任务内容

运用热销榜单选品法、高利润率选品法、品牌选品法等方法，通过 1688 进行商品信息收集及分析，完成选品的决策。

任务要求

在 1688 选品过程中，需要结合本任务的知识，合理运用热销榜单选品法、高利润率选品法、品牌选品法等，真实客观地收集采购批发市场的行情信息，结合自己网店的定位完成选品决策。

任务步骤

第一步：网店与市场定位

确定网店的目标市场、顾客群体和商品类别。明确网店的竞争优势和价值主张。

第二步：运用热销榜单选品法

熟悉 1688 的热销榜单功能，如“人气排行”和“热销爆款”。分析榜单上商品的共性，如价格点、销售量、评价和供应商信息。挑选 3～5 款热销商品，分析其市场潜力和适合度。

第三步：运用高利润率选品法

计算商品的利润率，包括成本价、售价和预期利润。使用 1688 的数据分析工具，筛选出高利润空间的商品。选取几款商品，估算利润率并评估其销售前景。

第四步：运用品牌选品法

了解品牌效应在选品中的重要性。分析 1688 上的知名品牌供应商，考察其品牌背景、产品线和市场表现。选择一个品牌，研究其产品系列和市场接受度。

第五步：运用拓展选品方法

探索其他选品维度，如季节性商品、趋势性商品和定制化商品。讲解如何利用 1688 的“商机雷达”等工具发现潜在的市场机会。结合市场趋势，提出至少 3 种有潜力的商品类型。

第六步：综合分析与决策

综合热销榜单、利润率和品牌影响力的数据，进行综合分析。制作选品决策表格，列出备选商品的详细信息和评分标准。依据网店定位和市场分析，选出最终采购清单。

第七步：汇报与反馈

每个小组进行选品决策的汇报，分享其决策过程和理由。开展班级讨论，相互点评选品方案的优劣。教师进行总结，强调科学选品的重要性，提供改进建议。

第八步：采购模拟与实践规划

模拟在 1688 上下单采购的过程，了解交易流程和注意事项。讨论采购后的物流、库存管理和售后服务策略。规划后续的市场监测和选品优化计划。

任务评价

序号	测评内容	分值	自评	小组评
1	商品定位明确	10		
2	正确运用热销榜单选品法	20		
3	正确运用高利润率选品法	20		
4	正确运用品牌选品法	20		
5	正确运用拓展方法选品	20		
6	素养目标的达成	10		
合计		100		

案例评析

1688 平台是阿里巴巴集团旗下的 B2B 电子商务平台，专注于为国内的批发市场和中小企业提供全面的商品批发服务。其核心功能定位在于帮助企业实现线上采购，优化供应链管理，降低采购成本，提高采购效率。平台拥有丰富的商品资源，涵盖各个行业和品类，能够满足不同企业的采购需求。同时，1688 平台还提供了便捷的商品搜索、供应商筛选、采购、物流等一站式服务，为企业采购提供了极大的便利。

商家可以利用 1688 平台的价格优势、市场分析功能、热销商品榜和飙升商品榜等资源，进行高效的产品选择和采购。在选择产品时，商家应关注具有市场需求且竞争相对较小的产品类别，同时优选诚信度高、实力强的供应商，确保产品质量和售后服务。此外，通过数据监控和评估，商家可以及时调整产品组合，剔除不受欢迎的产品，引入新的热门产品，以保持市场竞争力和盈利能力。1688 平台为商家提供了丰富的商品资源和便捷的采购服务，是商家进行高效选品和采购的重要工具。

课后复习与思考

1. 1688 是一个什么类型的平台？
2. 网络批发平台可以为选品提供哪些帮助？
3. 1688 选品适用的选品方法有哪些？

任务五　抖音平台选品

任务目标

• 知识目标：

认识抖音选品的优势，了解抖音选品的思路，认识抖音适用的选品法。

• 能力目标：

能运用抖音选品的思路和方法，在各新媒体平台进行选品。

• 素养目标：

培养学生全心全意对产品负责、真心实意为用户着想的责任担当，树立认真细致的工作作风观念，增强责任意识与实践能力。

案例导入

助力传统农企电商化升级，新农村发展增添新可能

在抖音电商的助力下，不少传统农业企业也实现了电商化转型。在广阔的电商平台，磨豆花、萝卜干也能做成大产业。吴某于 2019 年年底在抖音开通了“川香秋月”

账号，主要拍些乡村生活的短视频。偶然间，一条磨豆花的视频意外走红，原始的食材，传统的加工方法，乡土的气息收获了众多点赞和好评。产品打开了销路，吴某开始打造“川香秋月”品牌，带动家乡的萝卜干销售。通过和政府合作，吴某在四川泸州和理塘、稻城等地扩大种植规模，带动当地 100 多名种植户，扩种 1 万多亩高山萝卜。吴某不仅着眼初级农产品，还统一生产标准，从源头控制萝卜的质量，提升产业化水平，成功打造出以“萝卜”和“萝卜制品”为核心的产业链。

案例来源：郭彦伟．抖音电商丰收嘉年华：洞见传统农企电商化升级金钥匙．央广网．

思考：

1. 抖音平台的功能定位是什么？
2. 如何发挥抖音平台优势助力电商选品？

知识介绍

一、抖音选品概述

大促选品重视消费者需求

抖音是一款短视频社交平台，用户可以在平台上发布、观看和分享短视频内容。自推出以来，抖音凭借其独特的算法、丰富的内容和便捷的操作方式，迅速吸引了大量用户，成为全球范围内备受欢迎的社交媒体应用之一。基于拥有庞大的使用人群，抖音近年来不断向电商领域进行拓展。

根据英国品牌评估机构 Brand Finance 发布的“2024 全球科技品牌价值 100 强”榜单，抖音（TikTok）以 841.99 亿美元的品牌价值位列第五，年增长率高达 28.2%。此外，在 Brand Finance 发布的《2024 年全球品牌价值 500 强》报告中，抖音也是全球第七大最有价值品牌之一。

以抖音为代表的新媒体，聚合了市场上各种类型的内容创造者以及相应的粉丝人群。因此通过收集调研抖音上的商家和商品信息，可以很快了解到各地方的热点事件、奇闻趣事、潮流资讯，可以帮助网店经营者及时了解市场热点行情，为其选品提供真实客观的参考依据。

动画　抖音选品

抖音选品的思路和方法可以拓展到同类的新媒体平台，如快手、微博、今日头条、知乎、小红书等。

小提示

抖音等新媒体平台不仅是一种网络社交工具，同时也含有各种电商资源，可以为选品提供帮助。

知识拓展

行业五新——商品选品领域的新应用

在商品选品领域，新应用不断涌现，为商家提供了更多的便利和效率。虚拟试衣技术通过先进的 AR 技术和 3D 建模，让消费者能够在家中以虚拟方式试穿服装。以京东的线上虚拟试衣系统为例，它利用了 3D 技术和 AI 算法，允许用户通过自拍创建个性化头像，并调整多个身体参数来模拟真实的体型。该系统支持跨店铺的多层服装搭配，商家可以在后台制作搭配图示，而消费者则可以看到不同服装在其个性化模型上的效果。这种技术不仅帮助消费者找到最适合自己的款式和尺码，减少了退货率，同时也让商家能够根据用户的试穿数据优化库存管理和产品选择。

二、适用的选品法

对应本项目任务二所介绍的常用选品方法，抖音选品适用的选品方法包括热销榜单选品法、平台热词选品法、热点选品法。

（一）热销榜单选品法

热销榜单选品法是通过分析平台热销榜单，以商品在市场中的销售情况为依据的选品方法。抖音“品牌榜”（见图 2–14）是抖音平台上一个重要的榜单，它根据品牌在抖音平台上的表现、用户互动、销售额等多个维度进行综合评估，为消费者提供了一份权威的品牌排名。通过该榜单能查看不同类目下品牌厂家的热销排名。商家可持续关注榜单的排名变化和销量浮动情况，寻找有热销潜力的品牌商品。

图 2–14　抖音品牌榜

（二）平台热词选品法

平台热词选品法是通过调研用户对商品的搜索情况，以市场对商品需求度为依据的选品方法。抖音作为一款短视频社交软件，经常会产生很多的热词。抖音“种草榜”

（见图 2–15）是一个集合了抖音平台上众多优质内容的榜单，它通过收集用户的推荐和分享数据，对商品或信息进行排名，帮助用户快速找到热门和值得购买的商品或值得了解的信息。“种草榜”可以方便用户直接从榜单上追踪实时热点。商家对“种草榜”上的热点进行分析，与周边的商品进行关联选品，往往能够选出爆款。

（三）热点选品法

热点选品法是一种基于社会热点进行选品的方法。在现代信息社会，一个热点能引起社会的广泛关注，并通过网络进行传播和发酵。“抖音热榜”（见图 2–16）是抖音平台上新鲜热门的排行榜，它以搜索量为基础，此外还涉及传播热度、话题热度、事件的转评赞互动率等因素。因此，从“抖音热榜”可以了解到当下的热点信息。

图 2–15　抖音种草榜

图 2–16　抖音热榜

小提示

每个热点的产生都可能带来良好的商机，谁能洞察到，谁就能抢占先机喔！

任务实施

典型岗位任务：抖音平台选品

抖音是一款音乐创意短视频社交软件，通过抖音短视频或者直播可以分享用户的各种生活趣事，拥有庞大的使用人群。以抖音为代表的新媒体，聚合了市场上各种类型的内容创造者及相应的粉丝人群，因此通过收集调研抖音上的商家和商品信息，可以很快了解到各地方的热点事件、奇闻趣事、潮流资讯等，可以帮助网店经营者及时了解市场热点行情，为选品提供真实客观的参考依据。

任务目的

通过抖音平台进行商品信息收集和选品决策分析，运用本任务介绍的三种抖音常用的选品方法，掌握通过新媒体获取市场行情的方法，学会运用数据信息进行科学选品。

任务内容

运用热销榜单选品法、平台热词选品法、热点选品法等方法，通过抖音进行商品信息收集及分析，完成选品的决策。

任务要求

在抖音选品过程中，需要结合本任务的知识，合理运用热销榜单选品法、平台热词选品法、热点选品法等，真实客观地收集新媒体平台的商品行情信息，结合自己网店的定位完成选品决策。

任务步骤

第一步：市场与受众定位

分析目标市场和受众偏好，确定网店的核心竞争力和商品定位。

第二步：运用热销榜单选品法

熟悉抖音热销商品榜单的查看方式。分析榜单上热门商品的特点，如视频播放量、点赞数、评论和转化率。选取几个热销商品，探讨其成功因素，并评估是否适合自己的网店。

第三步：运用平台热词选品法

使用抖音的搜索热词功能，分析热词背后的用户需求和流行趋势。识别与网店定位相关的热词，寻找潜在的热销商品。

第四步：运用热点选品法

跟踪抖音上的实时热点和挑战。分析热点事件对商品销量的影响。选择一个热点，探讨如何快速响应并推出相关商品。

第五步：运用拓展选品方法

探讨其他抖音选品策略，如KOL推荐、直播带货和UGC内容分析。利用抖音数据分析工具，如抖音企业版的后台数据，研究一种新兴选品策略，分析其可行性和效果。

第六步：综合分析与决策

整合热销榜单、热词趋势和热点事件的信息。制作选品决策表，列出备选商品的市场潜力、竞争情况和预期收益。基于网店定位和市场洞察，制定选品策略。

第七步：汇报与反馈

每个小组展示选品决策过程和最终选品清单。开展课堂讨论，对比不同小组的选品方案。强调新媒体选品的关键点和注意事项。

第八步：实施计划与监控

讨论选品商品的推广策略，包括视频创意、广告投放和 KOL 合作。规划选品商品的上架时间和促销活动。设计市场反馈和销售数据的监控机制，准备调整策略。

任务评价

序号	测评内容	分值	自评	小组评
1	商品定位明确	10		
2	正确运用热销榜单选品法	20		
3	正确运用平台热词选品法	20		
4	正确运用热点选品法	20		
5	正确运用拓展方法选品	20		
6	素养目标的达成	10		
合计		100		

案例评析

抖音平台的功能定位是短视频与直播社交分享平台，兼具娱乐与商业功能，让用户创作、分享生活，同时为商家提供商品展示与推广渠道。发挥抖音平台优势助力电商选品，可通过分析用户兴趣与消费趋势，挖掘热门商品与潜在需求。利用短视频与直播直观展示商品特色，增强用户购买欲望。结合平台数据与反馈，持续优化选品策略，提高商品竞争力，实现销量增长。案例中吴某利用抖音成功转型，展示了抖音在电商选品中的巨大潜力。

课后复习与思考

1. 抖音是一个什么类型的平台？
2. 新媒体平台可以为选品提供哪些帮助？
3. 抖音选品适用的选品方法有哪些？

拓展任务　AI+选品决策

任务导入

小智是一家知名电商平台的选品经理，负责为平台挑选并推荐热门、具有市场潜力的商品。随着市场竞争的加剧和消费者需求的多样化，只利用传统的选品方法已经无法快速、精准地把握市场趋势的需求。为了提高选品效率和质量，公司决定引入基于大模型的选品决策系统来辅助选品工作。

任务目标

- 知识目标：

理解选品决策的概念，了解选品决策的作用，熟悉传统电商与智能电商选品决策的特点。

- 能力目标：

具备数据分析和处理能力，掌握模型选择与调优能力，具备选品决策能力。

- 素养目标：

培养市场敏锐度，能站在消费者的角度理解消费需求和期望，引导树立创新意识，鼓励探索新的选品方法和策略，推动商品和服务的创新。

任务知识

一、选品决策

选品决策是企业在销售产品或服务之前，基于市场分析、消费者需求预测、竞争环境评估等多方面的信息，精心挑选出最适合自身销售渠道和目标市场的商品组合的过程。这一过程对于电商尤其重要，因为网络零售环境中，商品的种类繁多，市场竞争激烈，选品能够直接影响店铺的流量、转化率及最终的盈利能力。

在进行选品决策时，企业通常会考虑多个维度的信息，包括但不限于：商品的市场需求潜力、成本与利润空间、供应链稳定性、竞争对手情况及品牌定位等。成功的选品决策不仅需要对市场有深刻的理解，还需要灵活应对市场变化，及时调整商品策略以适应新的市场条件。

二、选品决策的作用

（一）提升销售业绩与利润

选品直接影响电商平台的销售额和利润率。通过市场调研、数据分析等手段选择高需求、低竞争的商品，可以显著提高转化率。此外，合理的定价策略结合成本控制，有助于增加每笔交易的利润空间。

（二）构建品牌差异化

选品是构建品牌个性的重要环节。选择独特或独家的产品线可以帮助电商在众多竞争对手中脱颖而出，吸引目标客户群体的关注，并建立品牌忠诚度。这不仅有助于提升品牌形象，还能促进口碑传播，增强品牌的市场竞争力。

（三）满足客户需求

成功的选品来源于对目标市场的深入理解。了解客户的偏好、购买行为及未满足的需求，是确保所选产品能够吸引并留住顾客的基础。精准定位目标客户群，提供符合他们期望的商品，能有效提高用户满意度和复购率。

（四）控制运营风险

有效的选品决策能够降低运营风险。例如，在选择供应商时考量其供货稳定性和质量保证能力，可以预防因断货或质量问题引发的客户流失。同时，遵循相关法律法规，确保所有商品合规，也是避免法律风险的关键措施。

（五）引导营销策略

选品决定了后续的营销方向。根据产品的特性制订相应的推广计划，如利用社交媒体进行内容营销或策划节日促销活动，可以显著提升产品的曝光度和销量。结合数据分析工具评估不同营销手段的效果，不断优化策略，也能进一步增强营销效果。

（六）推动创新与发展

持续探索新的选品机会是电商发展的动力。紧跟市场趋势，及时引入新颖独特的产品，不仅能吸引新顾客，还能为现有客户提供更多价值，推动业务持续增长。特别是在跨境电商领域，快速响应全球流行趋势，有助于在全球市场中占据有利位置。

三、传统电商的选品决策

传统电商中，选品决策往往依赖于运营团队或商家的个人经验和直觉。他们可能根据市场趋势、行业报告或竞争对手的销售情况来做出选品决策。虽然传统电商也会收集一些销售数据、用户反馈等信息，但数据的收集和处理往往比较有限，难以提供全面、深入的分析。另外，由于需要人工分析大量的数据和信息，传统电商的选品决策过程通常比较耗时，且容易由于人为因素导致决策失误。

为了解决这些问题，传统电商可积极引进新技术和方法，如利用人工智能技术进行数据分析和预测、通过大数据了解消费者需求等，以提高选品决策的准确性和效率。

小提示

无论是智能电商还是传统电商，选品决策的最终目标都是为了满足目标消费群体的需求，提高销售额和市场占有率。

在考虑因素方面，两者在进行选品决策时，都会考虑市场环境、消费者需求、竞争对手情况、产品特性、成本效益等因素。这些因素是制定合理选品策略的基础。

在数据分析方面，无论是智能电商还是传统电商，都需要进行一定程度的数据分析来支持选品决策。例如，分析市场趋势、消费者行为、产品销量等数据，以评估产品的市场潜力和竞争力。

四、智能电商的选品决策

人工智能下的选品决策是基于大量的数据和算法来完成的。AI 系统通过收集和分析用户行为数据、销售数据、社交媒体数据等，能更准确地预测市场趋势和消费者需求。智能系统能自动处理和分析海量的数据，提取有用的信息，并生成选品建议。这大大减少了人工操作的繁琐和错误，提高了选品决策的效率。基于用户的购物历史、浏览行为等信息，智能系统能为每个用户推荐符合其需求和偏好的商品，这种个性化的选品方式能提高用户的购物体验和满意度。智能系统还能实时监测市场变化、竞争对手的动态及用户反馈等信息，并根据这些信息对选品决策进行实时调整。这使得选品决策更加灵活和及时，能更好地应对市场的变化。

任务实训：基于大模型的选品决策

一、实训目标

利用大模型进行商品选品决策，掌握大数据分析与选品决策的技能，提升在复杂市场环境下的选品能力。

二、实训内容

（一）数据收集与预处理

收集电商平台上的商品数据，包括商品类别、价格、销量、市场搜索人数、搜索次数、访客数等。对数据进行清洗、去噪和标准化处理，确保数据质量和一致性。

（二）大模型的选择与训练

根据选品决策的需求，选择适合的大模型，如深度学习模型、自然语言处理模型等。利用收集的商品数据对模型进行训练，使其能识别商品特征、预测销售趋势等。

（三）特征工程

提取商品数据中的关键特征，如价格敏感度、用户评价情感倾向、市场竞争力等。进行特征选择和转换，以提高大模型的预测性能和选品准确性。

（四）选品决策模拟

利用训练好的大模型进行选品决策模拟，输入不同的商品特征和市场条件，观察大模型的输出结果。分析大模型选品的依据和逻辑，理解大模型如何权衡不同因素进行决策。

（五）选品效果评估与优化

通过对比实际销售数据和模型预测结果，评估选品决策的准确性和有效性。根据评估结果进行优化和调整，提高选品决策的性能和可靠性。

（六）实训报告与展示

撰写实训报告，总结实训过程、模型训练结果、选品决策逻辑和评估结果。准备演示文稿或视频，实训成果和选品决策的实际应用。

三、实训要求

（1）熟悉大模型的基本原理和应用方法。

（2）具备数据处理和分析的基本技能，能独立完成数据收集、预处理和特征工程。

（3）结合实际情况，提出创新性的选品决策方案和优化策略。

四、实训演示

（一）步骤 1：数据收集与预处理

1. 数据收集

从各大电商平台、社交媒体、时尚资讯网站等渠道收集女装销售数据、流行趋势、消费者评价等信息。收集女装品牌的市场搜索人数、搜索次数、访客数等数据。

2. 数据预处理

对收集到的数据进行清洗，去除重复、错误或无效的数据。对数据进行分类和标签化，如图 2-17 所示。

A	B	C	D	E	F	G	H	I	J	K	L	M	N	O
一级类目	二级类目	三级类目	日期	搜索人数	搜索次数	访客数	浏览量	收藏人数	收藏次数	加购人数	加购次数	买家数	交易金额	客单价
女装/女士	连衣裙		2017/1/1	1.17E+08	1.09E+09	5.68E+08	6.12E+09	51022859	1.09E+08	67786667	1.29E+08	11025915	2.09E+09	189.6514
女装/女士	毛衣		2017/1/1	1.07E+08	7.6E+08	4.83E+08	4.1E+09	34662851	60726708	56469727	95790438	13240352	1.66E+09	125.0495
女装/女士	毛呢外套		2017/1/1	1.06E+08	9.43E+08	4.97E+08	5.44E+09	34231177	65052534	46755241	84065676	8292437	2.98E+09	359.5602
女装/女士	毛针织衫		2017/1/1	99172550	5.39E+08	4.3E+08	3.04E+09	29767701	48405367	48179720	76900743	10156541	1.31E+09	129.0784
女装/女士	棉衣/棉服		2017/1/1	95693996	8.38E+08	3.92E+08	3.61E+09	22660495	41533633	36550941	65517145	8001494	1.52E+09	189.5771
女装/女士	卫衣/绒衫		2017/1/1	65726382	4.77E+08	2.91E+08	2.25E+09	22795146	41136382	32901586	57888559	6422498	6.95E+08	108.1604
女装/女士	短外套		2017/1/1	64114923	3.63E+08	2.82E+08	1.94E+09	20142035	32831903	24525233	37901903	3388322	6.66E+08	196.6785
女装/女士	T恤		2017/1/1	63283859	3.87E+08	2.65E+08	1.62E+09	18429954	31804206	30742724	54196312	7136379	6.33E+08	88.6458
女装/女士	羽绒服		2017/1/1	61732739	4.86E+08	3.18E+08	2.72E+09	15355705	26774459	24585830	42505948	4870912	2.14E+09	438.9116
女装/女士	裤子	休闲裤	2017/1/1	62314156	4.02E+08	3.15E+08	2.29E+09	22261210	36244758	35969929	57318834	9380273	9.95E+08	106.0449
女装/女士	裤子	打底裤	2017/1/1	43528803	3.02E+08	1.87E+08	1.23E+09	8835545	13257636	24037823	39621826	12371939	7.89E+08	63.75234
女装/女士	裤子	棉裤/羽绒	2017/1/1	1679392	8802425	8852853	39733045	326014	476684	742255	1140928	288823	46590482	161.3115
女装/女士	裤子	西装裤/正	2017/1/1	1198133	2919126	10979358	36519051	541429	618519	658412	784140	130546	19118463	146.45
女装/女士	半身裙		2017/1/1	47579148	3.45E+08	2.51E+08	1.89E+09	18884016	32777490	27964475	46859876	6560345	6.38E+08	97.25251

图 2-17　数据预处理

（二）步骤 2：大模型选择与训练

1. 模型选择

选择适合的大模型 KIMI，如图 2-18 所示。

图 2-18　KIMI 大模型

2. 特征提取

从预处理后的数据中提取关键特征，如款式流行度、面料舒适度、价格竞争力、品牌影响力等。利用自然语言处理技术从消费者评价和时尚资讯中提取时尚趋势和消费者需求信息。

3. 模型训练

使用提取的特征和对应的销售数据作为训练集，对所选的大模型进行训练。

通过调整模型的参数和结构，优化模型的预测性能。

（三）步骤 3：女装选品决策模拟

1. 趋势分析

利用训练好的大模型对女装市场的趋势进行预测，包括款式、颜色、面料等方面的流行趋势。

2. 选品模拟

根据预测趋势和市场需求，模拟选出具有潜力的女装款式和组合，如图 2–19 所示。

根据提供的数据，我们可以通过分析搜索人数、搜索次数、访客数、浏览量、收藏人数、加购人数、买家数以及交易金额等指标来判断哪些女装品类具有较大的销售潜力。

1. 搜索人数和搜索次数：这两个指标反映了消费者对某类女装的关注度。搜索人数和搜索次数较高的品类通常意味着市场需求较大。
2. 访客数和浏览量：这两个指标显示了实际访问电商平台的用户数量和活跃度。访客数和浏览量高说明该类女装吸引了大量用户的兴趣。
3. 收藏人数和加购人数：这两个指标表示了用户对某类女装的购买意向。收藏和加购的人数多，说明用户对这些产品有较高的购买意愿。
4. 买家数和交易金额：这两个指标直接反映了销售情况。买家数多和交易金额高表示该类女装的销售表现良好。

结合以上指标，我们可以发现以下品类具有较大的销售潜力：

- 连衣裙：搜索人数和搜索次数极高，表明市场需求强烈。同时，收藏人数和加购人数也很多，说明购买意愿强烈。买家数和交易金额也非常高，表明实际销售表现良好。
- T恤：作为基础款式，T恤的搜索人数和搜索次数都很高，且买家数和交易金额也显示出强劲的销售表现。T恤作为百搭单品，易于搭配各种风格的服饰，因此市场需求量大。

图 2–19　大模型选品模拟决策

任务评价

序号	测评内容	分值	自评	小组评
1	对商品数据进行收集、预处理和分析的能力	20		
2	大模型选择与应用的能力	20		
3	对选品决策逻辑的理解和分析	20		
4	提出的选品决策方案和优化策略的创新性	15		
5	实训报告的撰写质量和演示效果	15		

续表

序号	测评内容	分值	自评	小组评
6	在任务中展现的职业素养	10		
合计		100		

课后复习与思考

1. 在女装选品决策中，如何有效地结合市场趋势和消费者需求进行选品？

2. 请分析在利用大模型进行选品决策时，数据的质量和数量对模型性能的影响如何？

3. 假设模型在预测某些女装款式时表现不佳，你认为可能的原因有哪些？应如何调整以提高预测准确性？

项目三　商品采购管理

项目背景

通过上一项目的学习，小明已经定位好自己的店铺以及商品。根据定位寻找商品的货源，成为接下来需要完成的任务。那么小明应如何采购商品呢？

采购是商品经营的必备条件，只有把商品采购的工作做好，网店才可以开始经营。反之如果工作做得不够充分，则会对网店的经营产生很大的负面影响。例如采购的商品不合适，不受顾客欢迎，就会滞销而影响业绩；采购的商品质量不好，就会遭受投诉与退货，影响店铺的信誉；采购的数量过多，则会导致积货压货，占用资金及管理资源；采购的数量不足，又可能造成缺货，影响正常销售……

我们应如何科学合理地进行商品采购？如何采购到适销对路的商品？用什么方式采购既能避免积货又不会缺货？采购过程中需要有哪些流程和步骤？需要遵循哪些原则来保障采购的顺利开展？……接下来我们就来一起学习商品采购的相关知识，希望能帮助大家解开这些困惑，更好地掌握商品采购的方法和技巧。

职业岗位

岗位名称：商品采购员

岗位职责：

1. 依据公司的销售订单、合同等，有计划地进行商品采购及到货的跟踪。

2. 开展与供应商的谈判，争取优惠的价格和理想的交货条件，并积极开发其他供货渠道。

3. 跟踪采购项目，加速采购进程，保证采购计划按时完成。

4. 对供应商资质进行考核及资料管理。

5. 熟悉和掌握各类订单进展，及时汇报。
6. 积极与各部门进行沟通，及时了解需求情况。
7. 提交相关汇总报告并提出合理建议。
8. 收集、整理及统计各种采购单据及报表。

任务一　制订采购计划

任务目标

- 知识目标：

理解商品采购的概念，领悟商品采购的重要性，明确商品采购的分类。

- 能力目标：

能根据店铺及商品定位，制订合理的商品采购计划。

- 素养目标：

培养劳模精神，汲取榜样力量，树立职业理想，增强职业规范意识与爱岗敬业的社会主义核心价值观。

案例导入

双十一前淘宝涌现女装闭店潮

2024 年以来，至少 40 家女装网店闭店或停止上新，淘宝平台店铺居多，包括拥有 131 万粉丝的大店“大 C 来也”。店主大 C 表示，店铺多年亏损，退货率从 40% 升至 60%～70%，备货和预售难以控制。社交平台上，宣布创业做女装工作室与亏损放弃的帖子一样多。商家们普遍反映生意难做。

在那封闭店通知里，大 C 提到店铺之前的退货率一直能保持在 40% 以下，但现在退货率一路走高到 60%，甚至 70%，已经不知道该怎么去控制备货和预售。一位沙河批发市场的档口老板说，以前做四五个新款里，总能出一两个爆款，采购备货都是五六百件起。去年以来，她上一二十个新款，才可能有一款卖得好一点。其他款式，即使只生产 100 件，都可能成为仓库里留下的库存。

案例来源：李池然．双十一前淘宝涌现闭店潮，女装商家为什么做不下去了．钛媒体．

思考：

采购对企业的经营有什么影响？

知识介绍

一、商品采购的概念

爱岗敬业的采购员

商品采购是指网店经营者为实现销售目标，在充分了解市场需求的情况下，根据网店的经营能力，运用适当的采购策略和方法，通过等价交换，取得适销对路的商品的经济活动过程。

这一概念明确告诉我们，网店的商品采购不是简单的买卖，而是一个特定的经济活动过程。

（1）商品采购以实现网店销售目标为目的，是服务于网店运营的一项重要的经济活动。

（2）实现销售目标就要求采购的商品必须是适销对路的，否则就会滞销，形成压货，影响资金的周转，导致网店经营亏损。

（3）商品适销对路，就需要做好市场、网店自身、策略方法这三方面的工作：要充分了解市场，科学进行需求分析；要根据网店的经营能力量力而为；商品采购过程中还需要灵活运用适当的策略和方法。

动画

商品采购

想一想

我们去超市购物属于商品采购吗？

知识拓展

行业五新——商品采购领域的新知识

在数字经济背景下，商品采购领域涌现出了许多新知识。其中，数字化采购成为提升效率、降低成本的关键举措。它利用大数据、云计算、AI 等先进技术，对传统采购流程进行改造和优化，实现采购活动的电子化、智能化和自动化。此外，数字化采购还推动了采购管理的深度优化和创新，通过信息共享和透明化，增强了供应链的透明度和可控性。同时，数字化采购平台可以提供各种功能模块，满足企业多元化的采购需求，助力企业实现数字化转型和智能化协同。

二、商品采购的重要性

商品采购对于网店经营的重要性不言而喻，它直接关系到网店的竞争力、客户满意度及经营效益。

（1）优质的商品采购是网店吸引顾客的关键。通过精心挑选符合市场需求、质量上乘的商品，网店能够树立起良好的品牌形象，吸引更多潜在顾客，提升转化率。

（2）合理的商品采购策略有助于网店控制成本，提高盈利能力。网店需要与供应商建立良好的合作关系，争取到更优惠的采购价格，同时合理控制库存，避免积压或缺货带来的损失，从而在保证商品质量的前提下，实现成本最小化。

（3）商品采购还影响着网店的物流效率和客户体验。及时、准确的商品采购能够确保网店快速响应顾客需求，缩短发货时间，提高顾客满意度。同时，多样化的商品选择也能满足不同顾客的个性化需求，增强顾客的忠诚度。

此外，随着市场竞争的加剧，网店需要不断更新商品，引入新品，以保持市场竞争力。这就需要网店具备敏锐的市场洞察力，通过精准的商品采购，紧跟市场趋势，满足消费者不断变化的需求。

小提示

商品采购这么重要，我们可不能忽视哟！

三、商品采购的分类

商品采购根据采购方式、采购交换形式、采购组织、采购渠道分类，表现为不同的采购形式，如图 3–1 所示。

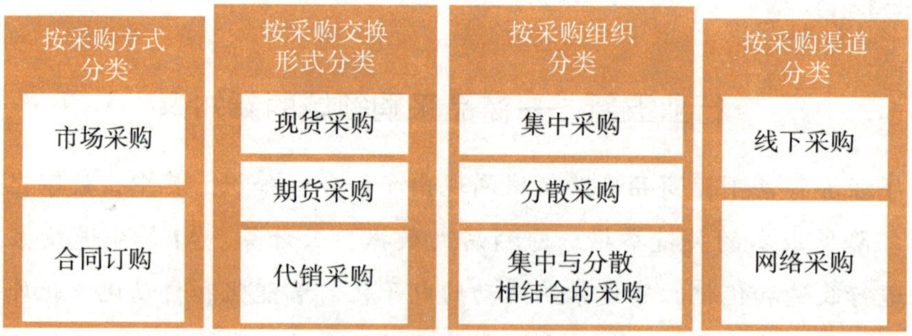

图 3–1　商品采购的分类形式

（一）按采购方式分类

按采购方式的不同，商品采购可以分为市场采购和合同订购。

（1）市场选购是网店经营者在经营过程中根据需求变化，直接通过市场向商品的生产制造商或供货商进行洽谈，自由选购商品的一种采购方式。

（2）合同订购是网店经营者为了掌握商品货源的主动性，通过与生产制造商协商签订合同，预先订购一定数量商品的一种采购方式。

（二）按采购交换形式分类

按采购交换形式的不同，商品采购分为现货采购、期货采购和代销采购。

（1）现货采购，即现货交易，是指商品采购时供货方有现成的商品，网店可以直接或者在极短的期限内提货的采购形式。采用这种采购交易方式，双方可以立即进行商品与货款的相互等价交换。

（2）期货采购，即期货交易，是指商品采购时供货单位尚没有现成商品，期货采购是买卖双方约定在未来特定时间以确定条件交割商品的标准化合约交易模式。其特点为交易时供货方无现成商品即时交割，双方通过标准化合约明确商品质量、数量及交割细节，借助交易所的履约保障机制降低信用风险。

（3）代销采购，即先售货后付款，是购销双方经过协商，在合同契约的基础上，网店可先行采购进货，待商品售出之后再结算货款的方式。这种采购方式供货商需要承担大部分费用和经营风险，而网店一般不需要支付商品的采购费用及承担经营风险。

小提示

代销采购，具有无须积压货款、经营风险小等优点，深受网店中小卖家的喜爱！

（三）按采购组织分类

按采购组织的不同，商品采购可以分为集中采购、分散采购以及集中与分散相结合的采购。

（1）集中采购是指采购工作集中于一个部门，即由网店的业务部门统一组织进货。采用这种方式时，网店需要设置专职的采购部门，负责采购经营范围内的各种商品。集中采购的优点是力量集中、控制严格、形象一致，有利于采购人员全面熟悉货源情况，对外建立固定联系，以及通过大批量购买而获得优惠的折扣。

（2）分散采购是指将采购工作分散给各商品组自行采购的方式。采用这种方式时，网店需要按商品类别核定资金，各商品组在定额资金范围内，直接组织货源、运输、保管。其优点是可以有效地适应地方市场需求，保证商品的适销率，订购过程迅速，符合勤进快销原则，同时还可以充分发挥各商品组的工作积极性。

（3）集中与分散相结合的采购是指由企业统一组织外地货源和主要货源的商品采购，其他货源则由各商品组直接进货。这种方式结合了上面两种方式的优点，又避免了两者的不足，既可以使网店相对统一地使用资金和采购力量，又可以充分调动各商品组的积极性，保证商品的适销率，扩大商品货源。

（四）按采购渠道分类

按采购渠道的不同，商品采购可分为线下采购和网络采购。

（1）线下采购是指网店到批发市场、商品集市、产品工厂等实体门店进行采购的方式。线下采购通常发生在行业集中度较高的专业批发市场，如蔬果批发市场、农产品批发市场、副食品批发市场、五金批发市场、小商品批发市场等。因此，线下采购的优势在于行业集中度高、供应商专业性强、商品种类明确、便于进行商品分类采购。

（2）网络采购是以计算机和网络技术为载体，通过网络这种成熟、便利的工具寻找商品货源及供应商资源，利用网络信息交流的便捷与高效，进行产品的性能与价格对比，并将网上信息处理和网下实际采购操作相结合的一种采购方式。由于采用了互联网的技术和手段，因此网上采购具有商品信息公开透明、采购选择范围广、采购时间灵活、节约采购成本、提升采购效率等优点。

小提示

不同的采购类型各有特点，大家要根据自身网店的需要选用合理的方式。

想一想

有些人认为进行商品采购总结是多此一举的事情。商品都已经采购回来了，何必再花时间和精力进行总结呢？同学们，你们觉得有没有必要对采购工作进行总结呢？

任务实施

典型岗位任务：制订采购计划

企业在实施商品采购之前，要求先制订采购计划，并做好采购准备。在制订采购计划时，需要对企业所面临的市场进行认真调研，调研内容应包括市场发展情况、与采购有关的政策法规、行业发展状况、竞争对手的采购策略以及供应商的情况等。只有做好充分细致的准备工作，才能保证采购计划的顺利完成。

任务目的

通过制订采购计划的训练，理解采购计划的重要性，了解采购计划的内容，培养分析数据与资料的能力。

任务内容

根据自己网店的定位，制订合理的采购计划。

任务要求

在制订采购计划的过程中，需要结合本任务的知识，明确采购计划的内容，使计划既充实具体，又具备合理性和可行性。注意避免内容空洞、言之无物。

任务步骤

第一步：回顾与网店定位

回顾网店的市场定位、目标客户群和核心产品线。分析当前库存状况，识别热销商品和滞销商品。

第二步：市场调研与预测

进行市场调研，包括竞争对手分析和消费者需求预测，分析行业趋势。收集并分析数据，预测未来销售趋势。

第三步：成本与供应商分析

解析采购成本结构，包括单位成本、运输费用和关税。强调供应商选择的重要性，包括质量、价格和交货期。识别可靠的供应商，并比较报价单。

第四步：需求与库存管理

运用需求预测方法，探讨库存控制策略，如安全库存和再订购点。基于销售预测，计算所需采购数量和安全库存水平。

第五步：采购计划制订

熟悉采购计划的结构，包括商品种类、数量、预算和时间表。强调采购计划的灵活性，考虑突发事件和市场变化。小组合作，制订一份翔实的采购计划草案。

第六步：风险评估与应对

分析供应链风险，如供应商延迟、价格上涨和物流问题。探讨风险管理策略，如多元化供应商和建立应急库存。识别潜在风险并提出预防措施。

第七步：汇报与评审

展示小组采购计划，包括市场分析、供应商选择、库存策略和风险管理。进行课堂讨论，相互评价计划的合理性、可行性和创新性。教师提供反馈，强调计划中的亮点和改进点。

第八步：修订与实施

根据反馈修改采购计划，确保其更完善。讨论计划的实施步骤，包括与供应商的沟通和内部团队协调。

任务评价

序号	测评内容	分值	自评	小组评
1	店铺定位明确	10		
2	采购商品符合店铺定位	10		
3	采购数量合理	10		
4	采购时间明确	10		
5	采购的费用及资金预算合理	10		
6	采购方式合适	10		
7	找到一批合适的备选供应商	10		
8	能对备选供应商进行合理分析，并进行采购优先级排序	10		
9	能制定合理的采购保障措施	10		
10	素养目标的达成	10		
合计		100		

案例评析

采购对企业的经营有着至关重要的影响。在本任务案例中，女装网店因高退货率导致备货和预售难以控制，最终闭店或停止上新。高退货率增加了企业的库存压力和成本，影响资金流转。同时，市场趋势变化使爆款难以预测，采购决策失误易导致库存积压。因此，精准高效的采购管理能降低企业成本，提高资金利用率，增强市场竞争力。反之，则可能使企业陷入经营困境。

课后复习与思考

1. 什么是商品采购?
2. 商品采购对网店的运营有什么重要的作用?
3. 商品采购有哪些分类?

任务二　供应商选择

任务目标

- 知识目标：

理解供应商的概念，认识供应商的重要性，能归纳选择供应商的标准，能阐明供应商管理的基本环节。

- 能力目标：

掌握寻找与开发供应商的方法；

具备选择适合的供应商的能力；

掌握供应商管理的基本环节。

- 素养目标：

培养合作共赢与重诚信的理念，树立合作共赢的思维模式，增强沟通、解决问题的能力，以及砥砺前行的正向品质。

案例导入

希音强大的供应链管理

希音（SHEIN）借鉴 ZARA 模式，但更胜一筹，要求每年上新 15 万款，每款只做几十至 200 件，以降低试错成本。其将新款从打版到上架周期压缩至一周，2015 年迁总部至广州番禺，培养 300 家小供应商，后扩大至整个大湾区上万家，SHEIN 还在全球多地建立供应链。

SHEIN 的供应商分两种，一种是来单加工，一种是深度合作。后者 SHEIN 会派专人给工厂装上自主研发的供应链数字化管理工具，由平台的职业买手根据当下流行趋势、热卖元素、消费情况等进行综合数据分析，指导工厂进行新款开发。

一手掌握供应链，一手握有流量，再用大数据将二者进行匹配，把营销信息推送给精准人群，SHEIN 这一套操作等于是用更便宜的价格，把验证过的好卖的东西拿到合适的消费者面前，这谁能拒绝呢？

案例来源：李光斗 . 唯快不破背后：希音的爆红密码 . 经济观察报，2024-01-10. 节选 .

思考：

1. 希音的供应商分哪两种模式？
2. 供应商对电商企业的发展具有什么作用？

知识介绍

一、供应商的概念

让别人先赢，合作共赢

供应商是指直接向网商提供商品及相应服务的企业及其分支机构、个体工商户，包括制造商、经销商和其他中介商。

供应商有时也称为“厂商”，即供应商品的个人或法人。供应商可以是个人、生产基地、制造商、代理商、批发商（限一级）、进口商等。

小提示

原来供应商有这么多类型，了解了这些类型，我们寻找供应商就容易多了！

知识拓展

行业五新——商品采购领域的新工艺

在新经济背景下，商品采购领域引入了多项新工艺以提升效率和响应速度。1688平台提供的B类商品生产工艺视频解决方案针对采购商难以全面了解供应商生产能力的问题，设计了一套基于视频的内容展示系统，通过动态可视化的视角展示原料处理、半成品加工直至成品完成的全过程，从而帮助采购商快速识别可靠的供应商，缩短磨合周期，降低时间成本和人力成本。

二、供应商的重要性

供应商对网店的经营发挥着非常重要的作用。选择合适的供应商有助于降低商品成本，保证商品质量。与供应商建立良好的合作关系，有利于降低商品库存的压力，缩短交货期，开发新产品，提升在市场竞争中的应变能力。建立科学合理的供应商选择标准及管理体系，对提升网店的核心竞争力十分重要。

动画
供应商选择

小提示

供应商对网店有这么重要的影响，我们可要认真挑选合适的供应商进行合作，不可随意！

三、供应商的选择标准

供应商的选择标准有很多，常用的标准是根据时间的长短进行划分，分为短期标准和长期标准。

（1）短期标准主要有：商品的种类、商品的质量、价格水平、交货及时性以及供应商的整体服务水平等。

（2）长期标准主要有：供应商能否保证长期而稳定的供应，其生产能力能否满足网店的发展需求，其产品未来发展方向是否符合网店需求，以及是否具有长期合作的意愿等。

除了以上两个标准外，供应商内部组织是否完善，供应商质量管理体系是否健全，供应商内部机器设备是否先进以及保养情况如何，供应商的财务状况是否稳定等也是网店选择供应商的重要因素。

在选择供应商时，一定要考虑短期标准和长期标准，并结合供应商内部情况进行分析，才能使所选择标准更为全面，进而利用标准对供应商进行客观评价，最终选出理想的供应商。

想一想

根据标准，我挑选出了十几家供应商。这么多供应商，我怎样才能管理好它们呢？

四、供应商管理的基本环节

供应商管理的基本环节如图 3–2 所示。

图 3–2　供应商管理的基本环节

（一）供应商调查

采购员通过调查来寻找市场中潜在的合作供应商，了解各供应商的基本情况，为选择合适的供应商进行合作做好准备工作。在本环节中，需要了解的供应商的基本情况包括：供应商的名称和地址、企业知名度、供应的货品等。此外还需要根据供应商的选择标准，调查供应商的相关信息，为供应商的评价提供客观的参考依据。

（二）供应商开发

供应商开发就是从无到有地寻找新的合作供应商。采购员在供应商调查工作的基础上，经过信息的收集、整理、分析、对比以及筛选，建立起适合网店采购需求的供应商队伍。供应商开发是供应商管理的一项重要任务，同时也是一个复杂的系统工程，需要精心策划、认真组织。

小提示

建立了供应商队伍，我不再担心被欺负了！哪家信誉好、服务周到，我就和哪家合作！

（三）供应商评价

供应商评价是一个贯穿供应商管理全过程的工作，在供应商开发过程中需要对其进行评价，供应商选择阶段也需要对其评价，合作阶段更需要对其评价。适时地开展供应商评价工作，根据评价的结果进行供应商的调整，优化供应商队伍，有助于采购工作的顺利开展。

供应商评价可从以下方面进行。

1. 供应商方面

是否具备基本的职业道德，是否诚信守约；是否具备良好的售后服务意识；是否有良好的改进意识和开拓创新精神；是否有良好的运作流程；是否有规范的企业行为准则；是否有现代化的企业管理体制等。

2. 商品方面

是否存在货不对板；商品质量是否有保证；能否按时交货；供货价格水平是否稳定；供货价格与市场平均价格的差距等。

3. 合作方面

在合作中能否进行良好的沟通和协调；处理采购过程中出现的问题的态度是否积极，响应是否快速，处理是否高效等。

（四）供应商选择

在开发供应商阶段，供应商评价的目的是选择合适的供应商。选择一批合适的供应商，不但对网店的正常经营起着决定性作用，而且对网店的发展也非常重要。实际上供应商的选择贯穿于开发供应商工作的整个过程，采购员首先要为每种商品选出一批合适的供应商，并进行初步调查。然后，从调查结果中再选出两到三家供应商进入洽谈和试合作，经过观察和考核后，最后确定合作的供应商。

（五）供应商合作

当选定供应商后，双方可以开展正常的采购与供货业务，必要时还可以签订正式的采购与供货合同，建立起稳定的合作关系。在正式合作的初期，一般要与供应商加强沟通，不断增强合作意识，直到双方形成良好的合作关系。此外，采购者还要不定期地开展实地检查，沟通协商，保证采购业务有序开展。

（六）激励与控制

在与供应商合作的过程中，店铺/采购者有必要加强激励与控制，既要充分鼓励供应商积极主动处理好商品供应业务关系，又要采取各种措施防范供应商的不当行为，避免给采购工作造成影响及损失，确保与供应商的合作业务健康正常地进行。

想一想

大家了解供应商的管理知识吗？只有把管理工作做好，我们才能真正寻找到合适的供应商，才能保证合作顺利开展。

任务实施

典型岗位任务：供应商的开发与选择

供应商开发是企业开展采购前需要进行的一项重要工作，是企业采购工作的核心。一般来说，供应商开发首先要确认供应商是否建有一套稳定有效的质量保证体系，然后确认供应商是否具有生产所需特定产品的设备和工艺能力。其次是成本与价格，要运用价值工程法对所涉及的产品进行成本分析，并通过价格谈判实现成本节约。在交付方面，要确定供应商是否拥有足够的生产能力，人力资源是否充足，有没有扩大产能的潜力。最后一点，也是非常重要的，就是供应商的售前、售后服务记录。

任务目的

通过训练，熟悉供应商选择的过程，懂得供应商的重要性。学会制定供应商的选择标准，并挑选出合适的供应商。

任务内容

通过1688平台，寻找市场中潜在的合作供应商。通过调查与分析供应商的情况，制定合理的选择标准，然后对供应商进行比较，最后选出适合合作的供应商。

任务步骤

第一步：供应商调查

根据自己店铺的定位，通过 1688 平台寻找潜在的合作供应商。

请写出你店铺的定位：____________________

第二步：供应商开发

挑选五家合适的供应商，建立网店采购供应商队伍。并把这五家供应商的基本情况填写在下列表格中：

供应商 1	供应商 2	供应商 3	供应商 4	供应商 5
供应商名称				
地址				
供应货品				
企业诚信（芝麻分）				
保障服务				

第三步：供应商评价。根据供应商评价的相关知识，制定十个合理的指标，对供应商进行评价。

	评价指标	分值	评分标准
举例	货品价格水平稳定性	10	商品价格在近一年保持平稳得 10 分；如果近一年价格有调整，每变化一次扣 1 分。
指标 1			
指标 2			
指标 3			
指标 4			
指标 5			
指标 6			
指标 7			
指标 8			
指标 9			
指标 10			

第四步：供应商选择

根据上一步制定的十个指标，分别对五个供应商进行评分，并根据得分进行排名，选出最合适的供应商。

	供应商 1	供应商 2	供应商 3	供应商 4	供应商 5
指标 1					
指标 2					
指标 3					
指标 4					
指标 5					
指标 6					
指标 7					
指标 8					
指标 9					
指标 10					
总分					
排名					

任务评价

序号	测评内容	分值	自评	小组评
1	店铺定位明确	10		
2	能够完整收集供应商情况	30		
3	制定合理的供应商评价指标	10		
4	制定合理的商品评价指标	20		
5	制定合理的合作评价指标	20		
6	素养目标的达成	10		
合计		100		

案例评析

希音的供应商主要分为两种模式：一种是来单加工模式；另一种是深度合作模式。

供应商对电商企业的发展具有关键作用。以 SHEIN 为例，其通过与供应商紧密合作，快速响应市场需求，实现高频上新和低成本试错。供应商不仅提供来单加工服务，还参与深度合作，借助 SHEIN 的数字化管理工具进行新款开发，提高了供应链的效率和灵活性。这种供应链与流量的精准匹配，使 SHEIN 能以更低价格提供热销商品，满足消费者需求，推动电商企业快速发展。

课后复习与思考

1. 什么是供应商？
2. 供应商对网店经营有什么重要作用？
3. 选择供应商有哪些标准？
4. 供应商管理有哪些基本环节？
5. 对供应商可以从哪三个方面进行评价？

任务三 商品采购洽谈

任务目标

- 知识目标：

理解采购洽谈的概念，认识采购洽谈的主要内容，懂得采购洽谈的原则，掌握采购洽谈的技巧。

- 能力目标：

培养良好的沟通交际能力，能与供应商进行采购洽谈并获取有价值的信息。

能遵循洽谈的原则，灵活运用洽谈技巧与供应商开展商务洽谈。

- 素养目标：

培养和谐与协同发展的意识，树立竞合思维与科技创新意识，增强厚植爱国情怀、强国情怀及深刻理解命运共同体内涵的能力。

案例导入

一位销售经理的谈判技巧

Q品牌是成熟皮具品牌，瞄准休闲男装市场推出新品男装。为招商，公司举办隆重品牌发布会暨招商会，邀请咨询师、形象代言人，并委托文化传播公司负责服饰秀。时任区域经理的我负责七省业务，在欢迎酒会上，我反其道而行之，将同一市场的意向客户安排在一起并介绍，取得的效果出奇好。第二天议程包括品牌研讨、政策说明等，下午就有客户洽谈。晚宴后，山东Z先生与陕西L先生即找我进行采购洽谈，显示出招商活动的积极成果。

案例来源：百度文库．商务谈判案例分析．

思考：

1. Q品牌的招商开局采用了什么方法？
2. 这种方法是否成功？
3. 在接下来的采购洽谈中，区域经理可以运用哪些技巧来促成合作？

知识介绍

一、采购洽谈的概念

进博会昭示"贸易强国"趋势

采购洽谈是指网店为采购商品而作为买方，与卖方供应商就购销业务的有关事项，如商品的品种、规格、价格、技术标准、质量保证、订购数量、包装要求、售后服务、交货日期与地点、运输方式、付款条件等进行反复磋商，谋求达成协议，建立双方满意的购销关系。

想一想

完成了选择供应商的工作后，应如何与供应商开展采购洽谈？

知识拓展

行业五新——商品采购领域的新技术

大唐电商基于用友BIP打造的企业采购商城解决方案不仅实现了集团内部的统

一定价和自助采购，还通过线上统一结算和社会级电商平台的集成，提高了采购效率并降低了成本。此外，利用大数据分析来支持决策制定，同时通过区块链技术保证了交易的安全性和透明度。这使得企业能够在复杂的市场环境中快速响应变化，实现更高效的资源配置和成本控制。

二、采购洽谈的主要内容

动画
商品采购洽谈

（一）产品内容

产品品种、型号、规格、数量、商标、版权、外形、款式、色彩、质量标准、包装等。

（二）价格内容

数量折扣、退货损失、市场价格波动应对、商品保险费用、售后服务费用、技术培训费用等。

（三）其他内容

交货时间、付款方式、违约责任和仲裁等。

三、采购洽谈的原则

采购洽谈的原则是商品采购洽谈的指导思想和基本准则。供需双方之所以能坐在一起洽谈，是因为在某种程度上存在彼此合作的可能和意向。所以双方需要一起遵循必要的洽谈原则，共同推动洽谈工作的开展，才能使采购洽谈取得成功。采购洽谈的原则如图 3–3 所示。

图 3–3 采购洽谈的原则

（一）平等原则

洽谈双方需要坚持在互相平等、自愿合作的条件下建立商谈关系，并通过平等协商、公平交易来实现双方权利和义务的对等。

（二）互利原则

采购洽谈是一项双方都应平等相待、互惠互利的合作。洽谈的双方都要实现自己的目标，都有自己的利益，并希望通过洽谈获取尽可能多的利益，因此洽谈双方都是“利己”的；但对于双方而言，任何一方要实现自己的利益，就必须给予对方利益，每一方利益的获取都以对方取得相应利益为前提。因此，洽谈过程中双方都应遵循互惠互利的原则。

（三）合法原则

洽谈合作必须遵守国家的法律、政策，具体体现在洽谈的主体要合法、洽谈的内容要合法、洽谈的方式方法要合法三个方面。

（四）信用原则

洽谈要讲信用，重信誉，遵守和履行诺言或协议。信用有如下三层含义：首先是“言必信”，在洽谈中讲真话，不说假话；其次是“行必果”，遵守诺言，实践诺言；最后是“守信誉”，商业信誉是诚信经商的职业道德，诚实守信是双方交往合作的基础。

（五）协商原则

洽谈的过程是一个调整双方利益，以求得利益均衡的过程，每个商谈者所做的一切都是为了维护己方的利益。双方利益不同，必然会引起分歧，这就需要双方都应以友好协商的原则解决问题，以求达成良好的合作协议。协商原则，需要洽谈人员在谈判中对人谦让、豁达、宽容，原则性和灵活性有机结合，以便更好地达到洽谈的目的。

小提示

平等、互利、合法、信用、协商是合作的基石。尔虞我诈、满是套路的不法商人难以找到合作伙伴。

四、采购洽谈的技巧

（一）有备而来

要获得理想的洽谈结果，首先需要做好充分的准备。采购商在洽谈前需要熟悉采购商品的相关情况，例如商品的品类、性能特点、市场价格、市场供需情况等，同时需要提前掌握供应商的基本情况，做到知己知彼，百战不殆。有了充分的准备，在洽谈中就能让对方感觉到你是行家，能有效避免漫天要价、以次充好等问题发生。

（二）有的放矢

在洽谈前的准备中，采购方要先了解对方洽谈者的职权。依照供应商的管理架构以及商品采购的规模，在采购中接触的对象可能有:业务代表、业务各级主管、经理、副总经理、总经理甚至董事长。这些职位的权限各不一样，采购洽谈时采购方需要做到有的放矢，避免与无权决定事务的人员进行洽谈，以免在浪费时间的同时又泄露了商业秘密。

（三）在本企业洽谈

零售商通常明确要求采购员只能在本企业的业务洽谈室里洽谈业务。除了提高采购活动的透明度、杜绝私人交易行为之外，最主要的目的是帮助采购人员创造洽谈的优势地位。在自己的地盘上谈业务，除了有心理上的优势外，还可以随时得到其他部门、同事或主管的配合，同时还可以节省时间和差旅开支，提高采购人员的工作效率。

（四）对等原则

洽谈时应注意“对等原则”，也就是说，我方的人数与级别应与对方大致相同。采购员应避免单独与一群供应商的人员谈判，否则在心理、语言、思维等方面会出现“寡不敌众”的情况，产生极为不利的影响。

（五）不露声色

洽谈开始前，不要表露对供应商的认可或者对其商品感兴趣。有经验的采购员，无论遇到多好的商品或者多么合适的价格，都会表情淡定，不表露内心的想法。之所以这样，是要让供应商重视洽谈，感觉需要认真对待才能获取你的认同。这样可以比较容易获得有利的交易条件。

（六）放长线钓大鱼

有经验的采购员会想办法了解对方的需要，尽量满足对方的小要求，然后渐渐引导对方满足自己的采购需要。同理，采购员要避免让供应商先了解自己的采购底线，否则对方会利用采购人员的某些弱点而要求采购人员先做出让步。

（七）主动询问

洽谈需要善用主动询问的技巧。通常情况下，供应商对产品的了解比采购商更为熟悉和专业，多主动询问，采购商就可以获得更多有用的信息。采购员应尽量将自己预先准备好的问题，以“开放式”的问话方式询问对方，借此了解对方的立场，然后再采取应对措施。

（八）必要时转移话题

若买卖双方对某一细节争论不休，各执己见，无法继续谈论下去，有经验的采购人员会暂时转移话题，或者假装接工作电话，或者请对方喝杯茶，以缓和紧张气氛，之后再把握合适的时机，寻找新的切入点继续进行洽谈。

（九）避免破裂

洽谈中出现分歧是常见的事情，但是要避免商谈破裂无法挽回，伤了彼此的和气及感情。秉承以和为贵的精神，洽谈双方需要遵循协商原则，以豁达宽容的态度协商与解决问题。有经验的采购员不会让洽谈完全破裂，不管困难有多大，总会给对方留一点退路，这次不能达成可以留待下次，买卖不成情意还在。

（十）多用肯定的语气

语气在谈话中有着重要的作用，肯定语气比否定或者怀疑语气更容易被人接受。在洽谈过程中，对于对方建设性的或自认为精彩的建议，采购人员可以肯定对方、称赞对方，让对方感到很有面子和动力。相反如果采取否定的语气，容易激怒对方，洽谈工作会难以进行下去。

（十一）做一名倾听者

供应商一般会认为自己很专业，采购人员需要根据这一特点，做好倾听工作，把对方的说话内容整理、归纳、分析后，再提出自己的看法和建议。在这一过程中，采购员要静静地思考，尽可能让对方先讲，从他们的言谈举止之中听出他们的优势和缺点，也可以了解他们的立场。

（十二）尽量从对方的立场说话

很多人误以为在采购洽谈时，应毫不让步。但事实证明，大部分成功的采购洽谈都要在彼此和谐的气氛下进行才可能达成。在相同的条件下，站在彼此双方的立场上进行讨论分析，往往结果会更有说服力。达成交易的前提是双方都能获得预期的利益。

（十三）以退为进

有些事情可能超出采购员的权限或知识范围，采购人员不应操之过急，装出自己有权或了解某事，做出不应做的决定。此时不妨以退为进，与主管或同事研究或弄清事实情况后，再答复或决定也不迟，毕竟没有人是万事通。草率仓促的决定大多不是很好的决定，聪明的采购员总是先深思熟虑，再做决定。

（十四）扬长避短

采购员在洽谈中尽量多展现我方优势（如销售量、市场占有率、成长情况等），以便对方了解我方目前及未来的发展及目标，让供应商对我方有兴趣、有信心，避免过多谈及我方弱势。此外，我方也可以适当指出供应商的不足之处，有助于提升改善其服务，也有助于我方在洽谈中树立优势。

（十五）用事实说话

无论什么时候都要以事实为依据，特别是采购洽谈，需要充分运用准确的数据分析，如销售额分析、市场份额分析、品类表现分析、毛利分析等，进行横向及纵向比较。使用数据和事实说话，提高权威性、专业性和可信度，让对手在无形中加深“他说的是对的，因为他对这方面很内行”的感觉。

（十六）控制洽谈时间

控制洽谈时间，一方面可以保证洽谈的效率，避免在某些小问题上纠缠太多时间，把握好主要问题的商谈。另一方面，可以让对方产生一定的紧张情绪，做出更大的让步。洽谈计划的时间一到，就应结束。这时可以让助理故意进来告诉你下一个约谈的供应商已经在等待，让对方知道他们的竞争对手也准备洽谈。

（十七）不要误认为 50/50 最好

有些采购员认为 50/50（双赢）是最好的洽谈结果，其实这种想法是不对的。事实上，有经验的采购人员总会设法为自己的公司争取最好的条件，同时让对方也得到好处，使他们对自己的公司有所交代，这才是真正的双赢。因此，站在商品采购的立场上，若谈判的结果是 60/40、70/30，甚至是 80/20，只要符合双方实际情况，也是可以的。

（十八）最大预算

采购商运用“最大预算”的技巧，通常是在还价中一方面对供应商的商品及报价表现出兴趣，另一方面又以自己的“最大预算”为由来迫使供应商最后让步和接受自己的出价。运用这种技巧应注意掌握还价时机。经过多次价格磋商，供应商报价的水分已经不多，此时运用“最大预算”的技法还价，可以最后一次迫使对方做出让步。

小提示

学了这么多的洽谈技巧，满满的收获感！请将这些技巧做个总结。

任务实施

典型岗位任务：采购洽谈

采购洽谈活动是在采购活动中，买卖双方通过协商来确定采购有关条件和要求的一项必不可少的活动，此工作可以促进双方达成合作协议。采购洽谈是双方相互调整利益，减少分歧，并最终确立共同利益的行为过程。如果洽谈技巧掌握不合适，不但会使双方发生冲突导致交易破裂，更会造成经济上的损失。

在采购洽谈中，应善于收集与洽谈内容有关的信息，善于进行分析思考，抓住问题的本质，然后将自己所要表达的内容，运用恰当的方式与策略将其准确、简练地表达出来。其次，了解选择洽谈时间、地点的技巧。

任务目的

通过课堂模拟实训，积累与供应商进行采购洽谈的经验和能力，熟悉洽谈的工作流程。以达到在实践中能根据采购计划，遵循洽谈的原则，运用洽谈技巧开展采购洽谈的目标。

任务内容

以本任务案例导入为背景，三人为一组进行分组模拟洽谈实训，分别扮演 Q 品牌的区域经理、山东的 Z 先生以及陕西的 L 先生三个角色，按照采购洽谈的流程开展采购业务的洽谈。

任务要求

1. 做好洽谈的准备工作，根据采购计划拟定洽谈内容。
2. 对洽谈的整个过程按阶段进行记录。
3. 把谈判的焦点问题及双方进行协商的过程进行详细记录。
4. 注意对洽谈技巧的运用，在为本方争取利益的同时，也要促成供需双方的合作。

任务步骤

第一步：案例导入与角色分配

设定 Q 品牌作为采购方，Z 先生和 L 先生作为供应商代表。

分组，每组三人，分别扮演 Q 品牌的区域经理、Z 先生、L 先生。

第二步：准备阶段

Q 品牌区域经理：准备采购清单、预算、谈判目标和备选方案。准备产品目录、价格列表、产能信息、优惠条件和谈判策略。各组研究角色背景，准备谈判要点，包括价格、交货期、付款条件和质量保证。

第三步：正式洽谈

开始模拟谈判会议，首先由 Q 品牌的区域经理提出采购需求和初步条件。Z 先生和 L 先生回应，提出自己的报价和条件，进行初步的讨价还价。模拟谈判过程中可能出现的障碍和冲突，如价格分歧、交货时间的不确定性等。各组尝试找到双赢的解决方案，达成初步协议。

第四步：记录与复盘

记录谈判过程中的关键点，包括对方提出的条件、己方的反应、达成的共识和未解决的问题。每个角色都要总结自己的表现，反思谈判策略的有效性。小组内讨论，识别谈判中的成功因素和失败教训。

第五步：反馈与优化

小组间分享谈判记录，互相点评对方的谈判技巧和策略。提供反馈，指出谈判中的亮点和改进建议。根据反馈，各组优化谈判策略，准备第二轮模拟谈判。

第六步：二次模拟与深化

基于第一次模拟的经验，进行第二次模拟谈判，重点在于改善初次谈判中的不足。深化谈判技巧，如有效沟通、说服力和妥协的艺术。

第七步：总结与报告

每组提交谈判记录和总结报告，包括谈判过程、达成的协议和学习到的关键点。全班讨论，总结采购洽谈的最佳实践和注意事项。

任务评价

序号	测评内容	分值	自评	小组评
1	准备工作充分，有洽谈计划	10		
2	能对洽谈过程进行必要的记录	10		
3	采购洽谈的流程完整合理	20		
4	能详细记录关于焦点问题的协商过程	20		
5	能综合运用各种洽谈技巧	10		
6	能遵守洽谈的基本原则	10		
7	通过洽谈能达成采购意向	10		
8	素养目标的达成	10		
合计		100		

案例评析

Q 品牌作为一个成熟的皮具品牌，有多年的市场运作经营经验，其开拓与管理市场的方法是一个很好的学习案例。Q 品牌新品男装上市销售的案例，让我们在新品发布、招商洽谈等方面都有很多启发。

1. Q 品牌的招商开局采用了什么方法？

Q 品牌的招商在初期很重视造势宣传，它们认为初期造势比什么都重要。所以，Q 品牌举办了一次品牌发布会暨招商会，充分利用各种手段进行造势，包括邀请了专业咨询师上课，聘请了产品形象代言人，同时还委托了文化传播公司负责服饰秀。它们将会议地点安排在度假山庄，还安排了欢迎酒会，第二天进行品牌研讨、政策说明、参观公司、答谢晚宴……在外部环境中给客户形成动力。

2. 这种方法是否成功？

Q 品牌通过这样隆重的造势，吸引了很多客户前来参加。经过对品牌的认识、现场气氛的感染，很多客户达成了初步合作意向，并且有不少客户当天就找到区域经理开展采购洽谈工作。从效果上看，这种方法是成功的。

3. 在接下来的采购洽谈中，区域经理可以运用哪些技巧来促成合作？

知己知彼，百战百胜。洽谈前要有充分的准备，包括对商品知识、市场及价格、供需状况、本公司的要求、对方的需求等情况都要有充足的了解。有了充分的准备，区域经理才能在洽谈中发挥自如，灵活运用洽谈技巧，促成洽谈的成功。

课后复习与思考

1. 什么是采购洽谈？
2. 在采购洽谈中，买卖双方会围绕哪些主要内容展开协商？
3. 双方需要遵循哪些原则才能保障洽谈顺利开展？

任务四 商品采购实施

任务目标

- 知识目标：

认识商品采购的原则，了解商品采购的策略，认识网络采购及其特点。

- 能力目标：

能遵循商品采购的原则，灵活运用适当的策略进行商品采购。

能发挥网络采购的优势，在常见的网络平台实施商品的线上采购。

- 素养目标：

培养市场观察与执行能力，树立质量意识及守诚信、讲仁爱、重发展的职业素养，增强采购者的专业素养。

案例导入

菜价整体上扬 大白菜由“买方市场”变“卖方市场”

2023 年 12 月，淄博经历雨雪后气温骤降，空气质量改善，但生活受影响，蔬菜价格整体上涨。大白菜由“买方市场”转为“卖方市场”，行情升温，价格从每斤 0.25 元涨至 0.69 元。业内人士表示，自 12 月 15 日起，蔬菜价格快速上涨，主要原因是强降温和北方大范围降雪。商户和储存商提前备货加大采购量，推动价格上涨。同时，寒潮天气影响蔬菜生长，产量下降，也是价格上涨的原因之一。

案例来源：张培，刘荔，刘文慧 . 菜价整体上扬大白菜由“买方市场”变“卖方市场”. 鲁中晨报，2023-12-19.

思考：

1. 请问什么是买方市场？什么是卖方市场？
2. 如果你是超市负责人，会实施怎样的采购策略？

知识介绍

一、商品采购的原则

5R 原则：适价、适质、适量、适地、适时。企业采购过程中应遵循 5R 原则，也就是要在适当的时间，以适当的价格，从适当的供应商手中采购适当数量的有品质保证的商品，如图 3-4 所示。

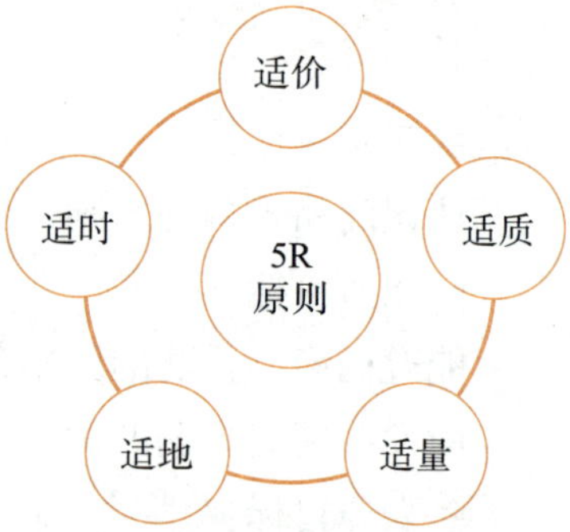

图 3-4　商品采购的原则

诚信一诺
值千金

（一）适价

价格是商品采购的焦点，合理的价格能为网店节约资金。所以，采购员需要熟悉市场行情，对商品市场货比三家，耐心与供应商协商价格，做到“比价”“议价”“定价”。

（二）适质

商品的品质是网店竞争的核心要素，如果采购的商品品质不良，会增加网店的管理成本，网店需要花费大量的时间、人力去弥补商品带来的不良影响。因此，采购过程也是质量把控的过程，需要采购员把好商品质量关，保证所采购商品的品质。

动画
采购实施
的原则

知识拓展

行业五新——商品采购领域的新标准

在新经济背景下，商品采购的新标准主要体现在提高效率、促进可持续发展和确保供应链的安全性与透明度上。例如，《政府采购领域“整顿市场秩序、建设法规体系、促进产业发展”三年行动方案（2024—2026 年）》提出了要建立政府采购本国产品标准体系，以确保不同所有制企业在中国境内生产的产品能够平等参与政府采购活动。此外，还强调了绿色采购政策的完善，旨在推动环保和资源节约型社会的建设。

（三）适量

采购数量越大，通常会获得越多的折扣和优惠，同时会积压采购资金。但采购太少，又不能满足经营或者活动的需要。因此，确定合理的采购数量十分重要，采购员需要按活动或销售需求进行采购。

（四）适地

在选择供应商时最好选择距离较近的，这样在采购过程中双方沟通更为方便，处理事务更为便捷，同时也可以降低采购物流等成本。合适的地点能确保网店在商品采购中取得主动权。

（五）适时

企业已安排好经营或生产计划，如果采购的货品未能如期送达，往往会打乱企业的计划，使得产品不能按时生产或销售，轻则导致客户不满，重则因合同违约导致经济赔偿。因此，采购的时间是一个十分重要的要素，需要采购人员严格按照计划开展采购，同时扮演监督和协调的角色，促使供应商按时交货。

小提示

遵循 5R 原则，采购适销对路的商品就不是问题啦！

二、商品采购的策略

对于网店来说，如果商品采购的策略运用得当，不仅可以采购到优质货品，还可以保证网店盈利的稳定性。商品采购常用策略有以下几种：

（一）买方市场下的采购策略

买方市场即货源市场出现货品供大于求的情况，网店此时处于采购的主导地位。这时，网店可以凭借主动权随意挑选商品，将主要精力放在商品销售方面，坚持以销定进、以需定进、勤进快销的采购原则，加快资金周转，节省采购成本，提高销售利润。

（二）卖方市场下的采购策略

卖方市场即货源市场出现货品供不应求的情况，商品供应紧张，供货商居于主导地位。这时，网店必须集中精力抓好商品采购环节，以保证货源供应的稳定性和充足性。应对的策略可以是一方面广开进货渠道，联系多家供应商；另一方面与生产企业联合，为其提供资金、设备等帮助。也可以尝试对生产商或供货商提供优惠，如采取由商店补助运输津贴、上门提货、提供广告援助等措施。

（三）不同生命周期商品的采购策略

商品从研制开发到畅销、疲软有一个生命周期，即试销期、成长期、成熟期和衰退期。商品处于不同生命阶段时，所采取的采购策略也有所不同。

1. 试销期

网店可以少量采购商品，待其市场看好再决定批量进货。

2. 成长期

此时商品属于畅销货，网店应积极扩大采购数量，利用广告进行促销。

3. 成熟期

前期商品在市场中继续被看好时，网店可组织大量采购；后期商品市场逐渐疲软，原商品被新商品代替，此时网店应有计划地逐渐淘汰旧商品。

4. 衰退期

店铺不应采购衰退期商品，或根据市场需求少量进货，并有计划地用其他商品替代，使顾客逐渐接受替代商品，从而淘汰衰退期商品。

小提示

原来在不同的环境和条件下，有不同的采购策略呀！看来我要分清情况，合理运用才行！

小提示

学习电子商务，不了解网络采购就落伍啦！

三、网络采购的特点

（一）公正透明

网络采购利用网络平台使采购信息公开化、过程透明化、竞争公平化、中标公正化。招标信息在网上发布迅速、公开、通畅，能够有效扩大竞价范围，确保采购产品质量合格、价格适中。

（二）提高效率

对采购过程中的关键环节全部实现标准化和电子化，使整个采购流程合理有序，有效提高了网络采购的效率，缩短了采购周期。

（三）竞争性强

网络采购平台把竞争扩大到世界级的范围，公平竞争排除了原有供应商享有的一些优势，使参加竞争的供应商有同等的机会赢得订单。

（四）节约成本

网络采购能够有效地降低采购费用、降低材料和服务成本，这使得它备受政府和企业的青睐。

任务实施

典型岗位任务：采购实施

实施采购工作任务，是根据确定的供应协议和条款，以及企业的商品需求时间计划，以采购订单的形式向供应方发出需求信息，并安排和跟踪整个物流过程，确保商品按时送达企业，以支持企业正常运营的工作。要顺利开展采购，需要遵循商品采购的原则，运用合适的采购策略予以实施。

任务目的

通过网络采购实训，了解各种类型的网络采购批发平台，巩固网络采购的基本流程，了解网络采购的特点。在实施采购过程中，熟悉采购原则以及采购策略。

任务要求

1. 根据此前任务制订的采购计划，开展网络采购。
2. 不同类型的采购平台各有特色，实训中注意了解各平台的优势。结合网店的实际情况，选择合适的平台进行采购。
3. 采购中要遵循采购原则，注意采购策略的灵活运用。

任务步骤

第一步：查找平台

根据网店商品的定位，找出具备供应此类商品能力的网络采购平台。对这些平台进行浏览和分析，总结归纳出各平台的优点和特色。

商品名称：

网络采购平台		
类型	平台名称	平台优点
综合型		
行业型		
厂商直供		

第二步：查找商品

从上一步骤的结果中，选择一个合适的平台，查找采购商品信息。

平台名称：________________________

采购商品信息				
序号	商品名称	商品主图	供应商名称	商品网址链接
1				
2				
3				

第三步：了解采购流程

请写出该平台的采购操作流程。

第四步：采购商品

遵循 5R 原则，运用合适的策略实施商品采购。

1. 请叙述 5R 原则在此次实训中的运用情况。
2. 请介绍在本次实训中所运用的采购策略。

任务评价

序号	测评内容	分值	自评	小组评
1	能根据商品定位找到合适的采购平台	10		
2	能客观分析各平台的优点	10		
3	能正确填写采购商品的基本情况	20		
4	能正确列出平台的采购流程	20		

续表

序号	测评内容	分值	自评	小组评
5	能合理叙述 5R 原则的运用情况	20		
6	素养目标的达成	20		
合计		100		

案例评析

买方市场是指商品供过于求，买家在交易中占据主导地位，价格相对较低；卖方市场则是指商品供不应求，卖家在交易中占据主导地位，价格相对较高。

作为超市负责人，在面临类似淄博雨雪天气导致的蔬菜价格上涨情况时，可提前预判市场趋势，加大常用蔬菜的备货量，同时积极寻找替代菜品以丰富选择，保持价格相对稳定，满足消费者需求。此外，也可与供应商建立更紧密的合作关系，确保供应稳定。

课后复习与思考

1. 商品采购需要遵循什么原则？
2. 商品采购的策略有哪些？
3. 网络采购有什么特点？

任务五　商品采购绩效评价

任务目标

- 知识目标：

认识采购绩效及采购绩效评价，明白采购绩效评价的目的，了解采购绩效的衡量指标，掌握采购绩效评价的方法。

- 能力目标：

能根据网店运营的目标，选用合适的采购绩效衡量指标进行商品采购评价；能依据采购绩效的衡量指标，采用合适的方法进行采购绩效评价。

- 素养目标：

培养公正、平等、诚信的价值观，树立绩效导向文化理念，增强践行社会主义核心价值观的能力。

案例导入

多家名企的采购绩效考核评价体系

许多企业都建立了采购绩效考核评价体系。中国石化物装部设立“比学赶帮超”指标体系对企业进行考核，对个人则由各处室实施。天管集团采购部门将任务分解到科室和岗位，考核主要指标和重点工作，并实行轮岗制和末位淘汰。华为对采购部门进行 KCP 考核，联想则对供应链进行 KPI 考核。这些绩效考核评价体系建立的初衷是构建奖惩优劣的有效机制，重点是梳理采购核心业务关键点，设置关键绩效考核指标，并定期检验与更新，以确保绩效考核支持采购战略与管理目标。

案例来源：采购帮 . 多家名企的采购绩效考核管理办法 . 搜狐网 .

思考：

企业为什么要进行采购绩效考核？

知识介绍

政采绩效评估的必要性

一、采购绩效的概念

绩效即功绩、功效，也指完成某件事的效益和业绩。采购绩效就是指采购效益和采购业绩，反映采购产出与相应的投入之间的对比关系，是对采购效率进行的全面整体的评价。

动画

商品采购评价

二、采购绩效评价的概念

采购绩效评价是指通过建立科学、合理的评价指标体系，全面反映和评估采购政策功能目标和经济有效性目标实现的过程。

想一想

我知道什么是采购绩效评价了，但是为什么要这样做呢？目的是什么？

知识拓展

行业五新——商品采购领域的新应用

京东利用其自主研发的 JD Chain 区块链技术实现了商品的全程追溯，从原材料采购到产品最终交付给消费者，所有环节的数据都被记录在区块链上，确保了数据的真实性和不可篡改性。这不仅提高了消费者的信任度，还帮助品牌商有效管理供应链风险，防止假冒伪劣产品的流通。通过这种创新应用，京东增强了其供应链的透明度，同时也提升了整个行业的标准。

三、采购绩效评价的目的

（一）确保采购目标的实现

各企业的采购目标互有不同。例如政府采购偏重“防弊”，采购作业以“如期”“如质”“如量”为目标；而中小企业的采购则注重效率和利益。采购工作除了维持正常的产销活动外，非常注重产销成本的降低。因此，网店运营中可以根据网店的定位和目标对采购绩效加以评估，以促进采购目标的实现。

（二）提供改进绩效的依据

绩效评价制度可以提供客观标准，来衡量采购目标是否达成，也可以用来评价采购的工作表现。正确的绩效评价有助于指出采购作业的缺失所在，并据以采取改善措施，达到“检讨过去、策励将来”的效果。

（三）作为个人或部门奖惩的参考

良好的绩效评价方法能将采购部门的绩效独立于其他部门而凸显出来，并反映采购人员的个人表现，作为各种人事考核的参考资料。依据客观的绩效评价，达成公正的奖惩，可以激励采购人员不断前进，使整个部门发挥合作效能。

（四）协助遴选人员与训练

根据绩效评价结果，可针对现有采购人员的工作能力缺陷，拟订改进计划，例如安排他们参加专业培训；若发现整个部门缺乏某种特殊人才，则可进行队伍招募，完善人才配备。

（五）促进部门关系

采购部门的绩效受其他部门能否配合的影响非常大。故采购部门的职责是否明确，表单、流程是否简单、合理，付款条件及交货方式是否符合公司的管理制度，各部门之间的目标是否一致等，均可透过绩效评价而予以判定。良好的绩效评价体系可以改善部门间的合作关系，提升企业整体运作效率。

（六）提高人员的士气

有效且公平的绩效评价制度，将使采购人员的努力成果获得适当的回馈与认定。采购人员通过绩效评价，将与业务人员或财务人员一样，对公司的利润贡献有客观的衡量尺度，成为受到肯定的工作伙伴，对其士气的提升大有帮助。

想一想

原来采购绩效评价有这么多目的和作用，那么我们应该从哪些方面对采购进行评价呢？

四、采购绩效的衡量指标

采购绩效的衡量指标如图 3–5 所示。

图 3–5　采购绩效的衡量指标

（一）计划绩效指标

计划绩效指标是指供应商在实现接收订单过程和交货过程中的表现及其运作水平。涉及采购运作、交货周期以及交货可靠性的表现。

主要考核内容包括各个供应商以及所有供应商平均的订单接受率、订单确认时间、首次交货周期、正常供货交货周期、交货运输时间、准时交货率、交货频率、交货数量准确率、平均收货时间、平均退货时间、退货后补货时间等。

（二）价格与成本指标

价格与成本指标是企业最重视也是最常见的绩效衡量标准。通过价格与成本指标分析，可以衡量采购人员的议价能力以及供需双方的情形。采购的价格与成本指标包括参考性指标和控制性指标。

（1）参考性指标是控制采购过程的依据和出发点，常提供给公司管理层参考，主要包括年采购总额、各采购物品年度采购基价、各供应商年采购额、各采购人员年采购额及年平均采购基价等，一般作为计算采购相关指标的基础，同时也是展示采购规模、了解供应商负荷以及采购人员的参考数据。

（2）控制性指标是指展示采购改进过程及其成果的指标，如采购降价、平均付款周期、本地化比率等。

（三）时间绩效指标

这项指标主要是用来衡量采购人员处理订单的效率，同时控制由于供应商延迟或提早交货所造成的缺货或者库存费用增加的情况。时间绩效指标包括停工待料损失指标和紧急采购费用指标。

（1）停工待料损失指标是指停工期间因作业人员薪资损失、顾客订单流失、作业人员离职，以及恢复正常作业时对机器的各项调整所产生的费用。

（2）紧急采购费用指标是指紧急运输方式的费用与正常运输方式的差额，以及因为赶工必须支付的额外的加班费用。

（四）采购效率指标

采购效率指标主要用来衡量采购人员的工作能力和效率。采购效率指标包括以下内容：采购金额及其占销货收入的百分比、开发新厂商个数、处理订单的时间、订购单的件数、错误采购发生率、采购指标完成率、采购部门的费用等。

（五）数量绩效指标

当采购人员为争取数量折扣以达到降低价格的目的时，可能导致存货过多，甚至发生废料的情况。数量绩效指标包括存储费用指标和废料处理损失指标。

（1）存储费用指标是指现有存货利息及保管费用与正常存货水准利息及保管费用之间的差额。

（2）废料处理损失指标是指处理废料的收入和其取得成本的差额。存货积压越多，利息及保管的费用越大，废料处理的损失越高，采购的数量绩效就越差。

（六）质量绩效指标

质量绩效指标主要是指供应商的质量水平以及供应商所提供的产品或服务的质量表现，主要包括供应商质量体系、来料质量评价标准等方面，可通过验收记录及生产记录来判断。

（1）供应商质量体系包括通过 ISO9000 的供应商比例、来料免检的供应商比例、开展专项质量改进的供应商数量及比例、实行来料质量免检的物料比例、来料免检的价值比例等数据。

（2）来料质量评价标准包括批次质量合格率、来料免检率、来料抽检缺陷率、来料返工率、来料在线报废率、退货率、对供应投诉率及处理时间等。

（七）其他采购绩效指标

其他采购绩效指标是指其他与供应商表现相关的指标，包括技术与支持指标和综合性指标。

（1）技术与支持指标包括采用计算机系统处理事务和业务的供应商数量、使用电子商务的供应商数量、参与本企业产品开发的供应商数量及其参与的程度等。

（2）综合性指标包括供应商总数、采购的物料种类以及项目数、供应商平均供应的物料项目数量、独家供应的供应商数量及比例、合作伙伴型供应商及优先型供应商的数量及比例等。

五、采购绩效评价的方法

采购绩效评价的方法有以下几种：

（一）直接排序法

在直接排序法中，采购主管按照绩效表现从好到差的顺序依次给员工排序，这种绩效表现既可以是整体绩效，也可以是某项特定工作的绩效。

（二）两两比较法

两两比较法是指在某一绩效标准基础上，把一个员工与其他员工进行对比，来判断谁“更好”，记录每一个员工和任何其他员工比较时被认为“更好”的次数，根据次数的多少给员工排序。

（三）等级分配法

等级分配法是指由评价小组或主管先拟定有关的评价项目，按评价项目对员工绩效做出评价。这种方法能够克服上述两种方法的弊端。

任务实施

典型岗位任务：制定采购绩效评价标准

采购绩效评价是一项既确保采购目标实现，有效控制采购过程，又提供改进绩效的采购工作。做好采购绩效评价，有利于日后采购工作正常开展，使采购工作更加透明，对采购人员产生良好的激励效果，有效促进部门之间的沟通。

任务目的

通过制定采购绩效评价标准的训练，理解采购绩效评价的内涵，认识采购绩效评价的目的及重要性。达到对衡量指标、评价标准、评价方法在实践中灵活运用的目的。

任务内容

根据自己网店的运营目标及具体情况，制定合理的采购绩效评价标准。

任务要求

在制定采购绩效评价标准的过程中，学员需要结合本任务的知识，从七方面的衡量指标中选取合适的指标，使标准充实具体，又具备合理性和可行性。

任务步骤

第一步：理论复习与导入

复习采购绩效评价的概念、目的和重要性。强调采购绩效评价对于成本控制、供应商管理、库存优化和供应链效率的影响。

第二步：目标设定

根据自己的网店运营目标，明确采购绩效评价的核心目的（如降低成本、提高质量、缩短交货周期等）。

第三步：指标选取与定义

提供一份常见的采购绩效指标清单（如采购成本、交货准时率、退货率、供应商响应时间等）。基于网店的运营目标，从清单中挑选最相关的指标，并定义每个指标的具体含义和计算方式。

第四步：标准设置

讨论并确定每个指标的评价标准，考虑行业基准、历史数据和目标设定。设置合理的评分区间，例如采用百分制或等级制，以量化绩效水平。

第五步：评价方法的选择

讨论不同的评价方法，如定期审计、实时监控、自我评价或第三方评价。选择适合网店实际情况的评价方法，确保评价的客观性和准确性。

第六步：综合评价框架构建

将选定的指标、标准和评价方法整合成一套完整的采购绩效评价框架。设计评价周期，如季度、半年度或年度评价，并规划评价流程。

第七步：案例分析与修正

分析一个真实或虚构的采购绩效评价案例，找出其中的优点和不足。根据案例分析结果，修正和完善自己设计的评价标准，增强其实用性和有效性。

第八步：汇报与反馈

展示自己的采购绩效评价标准，并解释其合理性。相互评价，提出建议，教师提供专业反馈，指出可能的改进方向。

第九步：总结与应用

总结本次实训的重点知识和技能。鼓励学生将所学应用于实际网店的采购管理中，持续优化采购绩效评价体系。

任务评价

序号	测评内容	分值	自评	小组评
1	有明确的采购绩效评价目的	10		
2	合理设定计划绩效指标	10		
3	合理设定价格与成本指标	10		
4	合理设定时间绩效指标	10		
5	合理设定采购效率指标	10		
6	合理设定数量绩效指标	10		
7	合理设定质量绩效指标	10		
8	合理设定其他绩效指标	10		
9	正确进行采购绩效评价的比对	10		
10	素养目标的达成	10		
合计		100		

案例评析

企业为什么要进行采购绩效测评

从案例中各企业的绩效考核标准可以看出，企业进行采购绩效考核主要是为了构建奖惩优劣的有效机制，通过梳理采购核心业务关键点并设置关键绩效考核指标，来确保采购活动的高效运行。这有助于企业实现成本控制、质量保障和供应稳定性等目标。同时，定期检验与更新绩效考核标准，能够确保其始终支持企业的采购战略与管理目标，推动采购部门不断提升工作绩效，进而增强企业的整体竞争力。

课后复习与思考

1. 什么是采购绩效？
2. 什么是采购绩效评价？
3. 进行采购绩效评价的目的有哪些？
4. 采购绩效的衡量指标有哪些？
5. 采购绩效评估的方法有哪些？

拓展任务：AI+制订采购计划

任务导入

小智在前期的工作中，已经对潜在供应商进行了深入的调研和对比，筛选出了一批信誉良好、商品质量过硬且价格合理的优质供应商。接下来的任务就是根据市场需求，制订一份符合公司运营需要的采购计划。那么什么是采购计划？制订采购计划对经营者有何重要影响？如何运用智能技术制订采购计划？

任务目标

- 知识目标：

理解采购计划的概念，了解制订采购计划的重要性，熟悉传统商务和智能商务制订采购计划的流程和方法。

- 能力目标：

能准确识别和分析经营者的采购需求，将业务需求转化为具体的采购要求。运用文心大模型的采购和写作插件，根据采购需求，制订采购计划。

- 素质目标：

培养“凡事预则立，不预则废”的意识，能根据经营需求科学制订采购计划。引导树立诚信经营理念，在采购过程中遵循公平竞争的原则，不损害他人利益。

任务知识

一、采购计划

采购计划是企业为确保生产经营活动顺利进行而制定的一种预见性安排，旨在规划特定期间内物料和服务的采购管理活动。它基于对市场供求状况的理解、企业自身生产经营过程的认识以及物料消耗规律的掌握来编制。采购计划不仅涵盖采购物料的种类和数量，还包括需求的时间节点等内容。

二、制订采购计划的重要性

制订采购计划对于网店经营者来说至关重要，它不仅影响商品的供应稳定性，还直接关系到企业的盈利能力和市场竞争力，具体表现在以下三个方面。

（1）合理的采购计划有助于确保商品供应的连续性。通过精确预测销售趋势和市场需求，网店可以避免因库存不足而导致的商品缺货问题。缺货不仅会错失销售机会，还可能损害顾客的信任和忠诚度。因此，一个有效的采购计划需要综合考虑历史销售数据、季节性变化、市场趋势等因素，以准确预估未来需求并及时补货。

（2）优化采购成本也是采购计划的重要目标之一。通过与供应商建立长期合作关系、批量采购等方式，网店可以获得更有利的价格条件和付款方式。此外，合理安排采购时间和数量，可以有效减少仓储费用和资金占用，提高资金周转效率。

（3）科学的采购计划还有助于风险控制。例如，在面对市场价格波动时，提前采购关键原材料或产品可以在一定程度上锁定成本，规避价格上涨的风险。同时，灵活调整采购策略也能帮助企业应对突发情况，如供应链中断等，从而保持业务的连续性和稳定性。综上所述，制定科学合理的采购计划是网店成功运营的关键因素。

三、传统商务的采购计划制订

在传统电商工作中，制订采购计划是一个复杂且系统的过程，涉及市场需求预测、供应商管理、库存控制等多个方面。

（一）需求分析

企业需要进行需求分析，这包括对历史销售数据的回顾以及对未来市场趋势的预测。通过数据分析，可以了解哪些产品更受欢迎，哪些产品的销量可能会增长或下降。同时，考虑到季节性因素、促销活动等可能影响销售的情况，企业能够更准确地预测未来的销售量。

（二）供应商选择与评估

基于需求分析的结果，企业需确定所需商品的规格和质量标准，并据此选择合适的供应商。选择过程不仅要考虑价格因素，还应关注供应商的信誉、交货时间及售后服务等方面。建立一个可靠的供应商数据库对于长期合作至关重要。

（三）采购预算制定

明确了需求和供应商后，接下来就是制定采购预算。制定预算需结合企业的财务状况和预期销售收入，确保资金使用的合理性和有效性。合理的预算安排可以帮助企业在保证产品质量的同时，有效控制成本。

（四）采购流程设计

为了保证采购工作高效进行，企业还需要设计标准化的采购流程。从采购申请、订单处理到货物验收，每一个环节都应有明确的操作指南和责任人。这样不仅可以提高工作效率，还能减少人为错误的发生。

（五）数据分析与监控

实施采购计划后，持续的数据分析和监控是必不可少的。通过对实际销售数据与预测数据的对比分析，企业可以及时调整采购策略，避免库存积压或短缺现象的发生。此外，定期评估供应商的表现也是优化供应链的重要手段之一。

（六）库存管理

有效的库存管理直接关系到采购计划的成功与否。企业应根据自身的业务特点，设定合理的安全库存水平，并采用先进的库存管理系统来实时跟踪库存状态。这样做不仅能降低库存成本，还能提高客户满意度。

小提示

无论是传统商务还是智能商务，采购计划的目标都是为了满足企业的业务需求，确保所需物资和服务的及时供应。

在需求分析方面，两者都需要对采购需求进行深入分析，包括所需物资的种类、数量、质量标准等，以确保采购计划的准确性和有效性。

在供应商选择方面，无论是传统商务还是智能商务，都需要对供应商进行评估和选择，以确保供应商能提供符合企业要求的物资和服务。

四、智能商务的采购计划制订

在智能商务时代，电商经营者可以通过整合大数据、人工智能、物联网等先进技术，实现更智能、更高效的采购计划制订。

（1）通过大数据分析工具，电商经营者能够深入挖掘历史销售数据、市场趋势及消费者偏好，以预测未来需求。这些洞察有助于制定更加精准的采购计划，避免库存过剩或不足。

（2）AI 和机器学习算法的应用使得自动化的供应商管理和合同谈判成为可能。例如，智能化系统可以根据预先设定的标准自动筛选出最优供应商，并提出有利的交易建议。这不仅提高了采购效率，还能降低成本。

（3）物联网设备的使用也是关键一环。通过连接仓库中的传感器和物流网络，电商经营者可以实时监控库存水平和供应链状态，确保及时补货并优化物流路径。这种实时数据反馈机制极大地增强了采购决策的响应速度和准确性。

此外，基于云的采购管理平台允许跨部门协作，使采购流程更加透明和高效。所有相关方都能访问最新的采购信息，加快决策过程，并支持动态调整采购策略以应对市场变化。

任务实训：智能采购计划的制订与优化

一、实训目标

本实训旨在掌握基于市场调研和智能选品结果制订采购计划的方法，培养利用智能工具进行采购计划优化的能力。通过实训体验智能商务在采购计划制订中的便捷性和高效性。

二、实训内容

（一）了解智能采购计划

了解智能采购计划的基本概念、制定流程和优化方法，并演示如何使用文心大模型辅助制订采购计划。

（二）确定采购需求

学生分组，每组根据之前完成的市场调研与智能选品结果，确定采购商品的种类、数量和预算。

（三）生成采购计划

利用文心大模型中的智能采购工具，输入采购需求、市场数据等信息，生成初步的采购计划。

（四）优化采购计划

对生成的采购计划进行分析和讨论，根据实际情况对计划进行调整和优化，考虑因素包括市场需求、库存状况、交货期、资金流等。

（五）展示采购计划

展示并讲解其最终确定的智能采购计划，阐述优化过程和理由。

三、实训要求

（1）熟练掌握使用文心大模型中的智能采购工具来辅助制订采购计划。

（2）能基于市场调研和智能选品结果，合理确定采购商品的种类、数量和预算。

（3）提交一份完整的智能采购计划报告，包括计划制订过程、优化步骤和最终确定的采购方案。

四、实训演示

步骤 1：做好采购准备

根据之前的市场调研、智能选品决策结果，明确智能手环的市场需求、竞争对手分析、目标用户群体、价格范围、功能需求等关键信息。结合本项目任务二供应商选择，明确采购智能手环的具体型号、预期价格、数量、交货时间等，做好采购前的准备工作。

通过“爱采购”平台，了解到红素新款智能手环，具备 GPS+LBS+Wi-Fi 定位技术，支持计步、心率监测、睡眠监测等功能，简约时尚，适合年轻人群使用，价格为 143 元，计划采购 100 个，10 天内完成采购。

步骤 2：撰写采购计划提纲

打开文心大模型（https://yiyan.baidu.com/），输入提示词：“你是专业的采购经理人，非常熟悉商品采购的特点及要求。我计划在 10 天内要采购 100 个红素新款智能手环，因此需要撰写一份采购计划，请你帮我列出提纲。”如图 3-6 所示。

步骤 3：采购计划优化

（1）分析采购计划提纲：对初步生成的采购计划提纲进行详细分析，考虑市场需求变化、库存状况、资金状况、供应商信誉等因素。

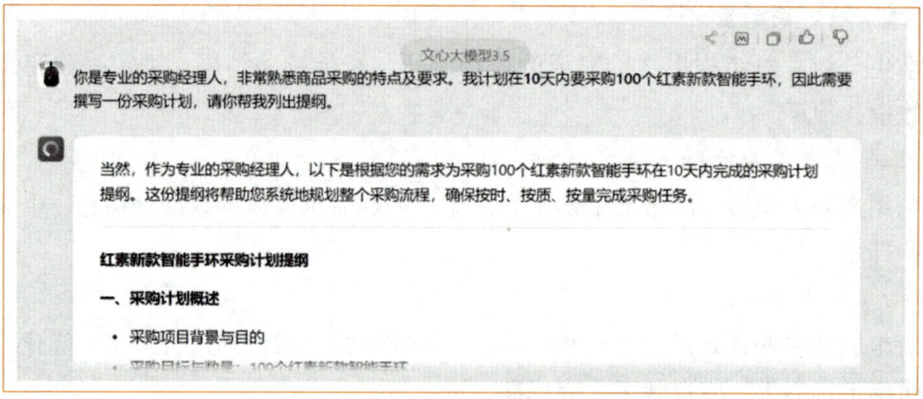

图 3-6　AI 自动生成采购计划提纲

（2）调整采购数量与时机：根据市场需求的预测和库存状况，调整智能手环的采购数量和采购时间，以避免库存积压或缺货现象。

（3）供应商选择与谈判：根据供应商的信誉、历史交易记录、价格和服务等因素，选择合适的供应商，并就价格、交货期等关键条款进行谈判。

（4）成本控制：综合考虑运输成本、关税、仓储费用等，对整体采购成本进行优化。

步骤 4：确定最终采购计划

团队就采购计划的各个环节进行讨论，达成一致意见后确定最终采购计划。

任务评价

序号	描述	分值	自评	小组评
1	对采购需求的识别和分析能力	20		
2	制订采购计划的能力，包括计划的合理性和可行性	20		
3	运用智能工具辅助制订采购计划的能力	20		
4	对初步采购计划进行优化的能力	20		
5	在整个任务中的表现，包括参与度、团队合作等	10		
6	在任务中展现的职业素养	10		
合计		100		

课后复习与思考

1. 在智能采购计划的制订过程中，哪些因素会对计划产生影响？请列举至少三个因素，并简要说明它们的影响。

2. 在优化智能采购计划时，如何平衡成本与质量的关系？

3. 如何利用智能工具提升采购计划的效率和准确性？

项目四 商品定价管理

项目背景

通过上一项目的学习，相信大家已经掌握了采购商品的方法与技巧。当我们把商品采购回来后，应如何对商品进行定价呢？

不要以为价格只是一个简单的数字，它对商品销售能起到非常关键的作用。为商品定价是一件很讲究方法的事情，如果定价过高，可能会让消费者望而却步，流失订单；如果定价过低，导致店家赚不到钱，亏本赚吆喝。此外如何根据市场的变化，在合适的时间运用合适的方法定价呢？商品定价有哪些策略？定价又有哪些技巧？

接下来，我们一起来学习和了解商品定价的相关知识，希望能帮助大家解决商品定价的一系列困扰及问题，掌握商品定价的方法和技巧。以达到能根据实际需要，合理制定商品价格的学习目标。

职业岗位

岗位名称： 商品定价员

岗位职责：

1. 制定与产品定价相关的管理制度和规范，并严格执行。
2. 收集价格信息资料，并负责整理、统计和保管信息资料。
3. 关注竞争对手的产品定价策略及价格变动状况，并进行整理分析，为定价决策工作提供支持。
4. 根据相关部门的要求，检索、提供价格信息资料，为产品定价决策提供支持。
5. 做好产品定价、调价的具体工作。

6. 协助销售人员决定订货价格，并监督销售人员对于既定价格的执行情况。
7. 负责商品在各个环节的价格信息、台账、档案、原始记录的整理保存工作。

任务一　商品的初步定价

任务目标

- 知识目标：

理解商品定价的概念；认识商品定价的目标；认识影响定价的因素。

- 能力目标：

在理解定价概念的基础上，设定网店商品的定价目标；能综合分析影响定价的各种因素，具备为商品进行初步定价的能力。

- 素养目标：

培养学生爱岗敬业的价值观与科技强国情怀，树立职业理想与民族复兴目标，增强职业规范与职业道德的践行力。

案例导入

良品铺子的两次产品降价

2023 年 11 月，良品铺子董事长通过内部公开信的方式，表明公司面临严峻挑战，并宣布对公司“高端零食”战略进行重大调整，对旗下 300 款产品进行大规模降价，平均降价幅度达到 22%，最高降幅达到 45%。

2023 年 11 月，良品铺子当时降价产品覆盖夏威夷果、松子、开心果、腰果等复购率相对较高的品类。调价后的夏威夷果、松子等坚果产品降价幅度最高达到 40%。同年 12 月，良品铺子再次降价，从第一波降价的 300 款零食中，选出坚果、烘焙、肉类、素食等核心品类的大单品，降价幅度约 30%～47%。大环境下消费者把钱包捂得更紧，以及良品铺子对未来市场的判断，是它不得不做出改革的原因。

截至 2024 年上半年，良品铺子通过供应链降本提效，已累计实现 500 余款产品降价，并在门店内设立特色陈列区，进行代表性产品展示沟通，推动客单数稳步提升，多款单品实现销量翻倍增长。

思考：

1. 案例中良品铺子的产品为什么会降价？

2. 商品价格会受到哪些因素的影响？

知识介绍

一、商品定价的概念

商品定价是根据商品和服务的价值，应用定价策略确定商品价格的过程，以获得最佳营销效果和最大收益。

二、商品定价的目标

商品价格会受到企业定价目标的影响。不同的定价目标会导致企业采用不同的定价方法和策略，从而制定出不同的商品价格。

动画
商品定价

（一）获取理想利润目标

获取理想利润目标是指企业期望通过制定较高的价格，迅速获取最大利润。企业追求高价速利，需成本低于行业平均且需求大于供应。虽可定价高于平均利润率，但需防消费者抵制、竞争加剧及替代品影响。企业应着眼长远，提升技术与管理，增强核心竞争力，以维持理想利润。

（二）适当投资利润率目标

适当投资利润率目标是指企业通过定价以实现特定投资报酬为定价目标。在此目标下，企业通常按投资额规定的利润率加成本确定商品售价。需注意两点：确定合理利润率，且商品需畅销，否则预期投资利润率难以实现。

（三）维持和提高市场占有率目标

维持和提高市场占有率目标指通过一系列经营策略保持现有市场份额不流失，或进一步扩大在目标市场中的销售额占比、用户数量占比，从而巩固市场地位、增强竞争优势。为扩大市场占有率，企业需降低价格和利润，但须结合生产能力，因降价后消费者需求激增，若产能不足，竞争者将趁虚而入，损害企业利益。

（四）稳定市场价格目标

稳定市场价格目标指企业为避免价格战，牢固占有市场，在供需正常时制定稳定价格 获取合理利润。行业领军企业常以此为定价目标，这能防止市场需求突变导致价格大幅波动，有助于企业稳固市场地位。

（五）应对竞争目标

应对竞争目标是竞争性较强的企业所采用的定价策略，指为应对竞争对手的策略而制定的针对性目标。在具体实施中，分以下几种情况：

（1）对于力量较弱的企业，应采用与竞争者价格相同或略低于竞争者的价格。

（2）对于力量较强又想扩大市场占有率的企业，可采用低于竞争者的价格。

（3）对于资本雄厚且拥有特殊技术的企业，可采用高于竞争者的价格。

（4）有时可采取低价竞争，从而迫使对手退出市场或阻止对手进入市场。

知识拓展

行业五新——商品定价领域的新知识

在数字经济背景下，商品定价领域的一个重要新知识是个性化定价的应用和发展。个性化定价是指利用大数据分析和算法技术，根据消费者的个人特征如支付能力、消费偏好、使用习惯等，为不同的消费者设定不同的价格。

这种定价策略能够使企业更精确地捕捉到每个消费者的支付意愿，从而实现利润最大化。例如，电商平台可能会对同一款产品向不同用户展示不同的价格，这取决于他们的购买历史和其他行为数据。虽然这种方法可能带来更高的收益，但也引发了关于公平性和隐私保护的讨论。监管机构已经开始关注这一现象，并制定了相关指南来规范“大数据杀熟”行为，以确保市场的公平竞争和保护消费者权益。因此，个性化定价不仅是企业定价策略上的创新，也是需要平衡多方利益和社会责任的新挑战。

小提示

定价目标取决于企业的总体目标。不同行业的企业，同一行业的不同企业，以及同一企业在不同的时期、不同的市场条件下，都可能有不同的定价目标。

三、影响商品定价的因素

影响商品定价的因素有很多，有企业内部因素也有企业外部因素；有主观因素也有客观因素，大体分为商品成本因素、市场需求因素、竞争因素以及其他因素，如图4-1所示。

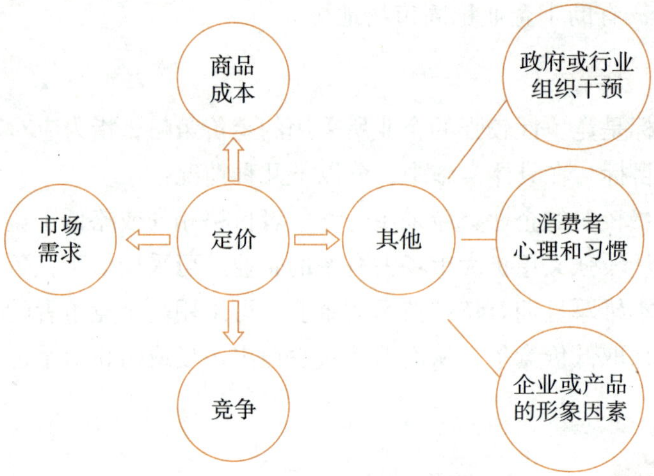

图 4-1　影响商品定价的因素

（一）商品成本因素

企业商品定价以成本为底线，需高于成本以盈利，但个别时期可能低于成本。价格由成本及利润决定，成本分固定成本和变动成本。价格有时由总成本决定，有时仅由变动成本决定。社会平均成本影响同类商品价格，充分竞争下，企业个别成本影响有限。

小提示

给商品定价时不应将成本孤立地对待，而应同产量、销量、资金周转等因素综合起来考虑。

（二）市场需求因素

商品价格受成本与市场需求的影响。需求大于供给时，价格应高；反之则低。价格变动影响市场需求和销售量，进而影响企业目标。因此，企业定价需了解价格对需求的影响程度，这可通过价格需求弹性系数来衡量。

（三）竞争因素

企业在现代经营中主要采用非价格竞争，但也不能忽视价格竞争。市场竞争分为完全竞争、不完全竞争与完全垄断三种情况。完全竞争下，商品价格由市场决定，买卖双方不能干预。不完全竞争是现实中的典型状况，企业定价策略需考虑竞争对象和自身影响。完全垄断指独家控制市场，价格和交易数量由垄断者决定，现实中少见。

小提示

企业的价格策略受到竞争状况的影响。完全竞争与完全垄断是竞争的两个极端，中间状况是不完全竞争。在不完全竞争条件下，竞争的强度对企业的价格策略有重要影响。企业首先要了解竞争的强度。竞争的强度主要取决于商品制作技术的难易，是否有专利保护，供求形势以及具体的竞争格局。其次，要了解竞争对手的价格策略，以及竞争对手的实力。最后，要了解、分析本企业在竞争中的地位。

（四）其他因素

企业的定价策略除受成本、市场需求以及竞争状况的影响外，还受到其他多种因素的影响。

1. 政府或行政组织的干预

政府为维护经济秩序等目的，可能通过立法等手段干预企业价格策略，如规定毛利率、限价、限制价格浮动或审批手续、价格补贴等。例如，我国某些地方为反暴利而对商业毛利率作出限制，一些贸易协会或行业组织也会干预企业定价。

2. 消费者心理和习惯

价格的制定和变动在消费者心理上的反映也是价格策略必须考虑的因素。在现实生活中，消费者常常从价格上判断商品的好坏，从经验上把价格同商品的使用价值挂钩。消费者心理和习惯上的反应是很复杂的，某些情况下会出现完全相反的反应。

3. 企业或商品的形象因素

有时企业根据企业理念和企业形象设计的要求，需要对商品价格做出限制。例如，企业为了树立热心公益事业的形象，会将某些有关公益事业的商品价格定得较低；为了塑造高端的企业形象，会将某些商品价格定得较高等。

任务实施

典型岗位任务：商品的初步定价

商品的初步定价是企业为确定商品售价而进行的准备工作，主要根据企业既定的营销策略，明确商品的定价目标，厘清影响价格的各种因素，综合定价目标和价格影响因素，对商品的售价计划一个合理的区间范围。

任务目的

通过训练，能加深对商品定价的理解，明确网店商品的定价目标，能综合分析影响定价因素并为商品进行初步定价。

任务内容

在设定商品的定价目标及分析各种影响定价的因素的基础上，对商品进行初步的定价。

任务步骤

第一步：选择商品

请在自己的网店中，选出一件商品作为本次任务的定价对象。

商品名称：

第二步：设定商品的定价目标

请写出你店铺商品的定价目标：

第三步：分析影响定价的因素

影响定价的因素	情况分析
商品成本因素	
市场需求因素	
竞争因素	
其他因素	

第四步：商品定价

请从定价目标以及影响因素等方面，写出你的定价理由：

任务评价

序号	测评内容	分值	自评	小组评
1	能选出合适的商品进行实训	10		
2	能设定合理的定价目标	10		
3	能合理分析商品成本因素	10		
4	能合理分析需求因素	10		
5	能合理分析竞争因素	10		
6	能合理分析其他因素	10		
7	分析定价的理由充分合理	30		
8	素养目标的达成	10		
合计		100		

案例评析

良品铺子的产品降价主要是因为公司调整了“高端零食”战略，通过供应链优化降低成本，并应对消费者紧缩的消费习惯和未来市场判断，以提升销量和市场份额。

商品价格会受到多种因素的影响，包括成本、市场需求、竞争状况、消费者购买力、政策法规以及宏观经济环境等。良品铺子的降价举措就反映了市场竞争、消费者需求变化以及公司战略调整对商品价格的影响。

课后复习与思考

1. 商品定价的主要内容是什么？
2. 常见的商品定价目标有哪些？
3. 影响商品定价的主要因素有哪些？

任务二　商品的成本计算

任务目标

- 知识目标：

理解商品成本的概念；熟知网店商品的成本构成。

- 能力目标：

掌握网店商品的成本计算方法。

- 素养目标：

深化对节约型、友好型、绿色型产业发展的认知，树立降本增效与生态文明建设相融合的理念，强化践行这些理念的行动力。

案例导入

多家药械企业开始直播带货

2023 年 7 月 27 日，掌护医疗保健直播间以优惠价销售臂式血压计，成交量超 2000 台。越来越多药械企业开始探索电商直播模式。艾媒咨询首席分析师表示，直播带货作为新营销渠道，可大幅降低药企营销和渠道费用，是医药产品流通新趋势。但考虑到药品和医疗器械产品的特殊性，直播宣传推广存在挑战，需严格界定可参与直播售卖的产品，平台需承担监管责任，确保直播用语合法合规，主播需具备从业资格，尽到风险提示和告知义务。

思考：

1. 与实体店相比直播电商在成本方面有什么优势？
2. 网店商品的成本来源于哪些方面？

知识介绍

用创新降成本，给绿色按下“快进键”

一、商品成本的概念

商品成本是指电商企业为了销售商品而发生的各种耗费。商品成本可以指一定时期为销售一定数量商品而发生的成本总额，也可以指一定时期销售商品的单位成本。

想一想

在网店经营过程中，我们需要投入哪些成本呢？

知识拓展

行业五新——商品定价领域的新工艺

在新经济背景下，商品定价的新工艺主要体现在利用先进的数据分析、人工智能和机器学习技术来实现更加精准和动态的定价策略。航空公司采用的动态定价系统使用了复杂的算法来实时调整机票价格，系统根据预定时间、航班剩余座位数量、竞争对手的价格以及历史销售数据等因素进行计算。例如，当航班接近起飞且仍有空位时，系统可能会自动降低票价以吸引更多乘客；相反，如果需求旺盛，票价则会上涨。这不仅提高了航空公司的收益管理效率，还优化了资源分配，增强了竞争力。

二、网店商品成本的构成

网店商品成本的构成如图 4–2 所示。

在网店的运营过程中，商品销售所发生的耗费来源于多个方面。例如，网店员工的人工成本，采购商品时需要支付的货款，网店运营中的宣传推广的投入，处理客户的退货费用等。这些耗费归纳起来为：平台固定成本、运营成本、货品成本和人员成本。

图 4–2 网店商品成本的构成

动画

商品的成本

（一）平台固定成本

平台固定成本指网店在创建过程中，需要搭建或租用平台所形成的各种耗费。对于自建站点的网店，主要成本包括网站开发与维护管理费用、域名管理费用、网络服务器的购置及维护费用等。对于在平台注册的网店，如在淘宝、天猫、京东注册的网店，主要的费用包括支付保证金、技术服务年费、实时划扣技术服务费等。

（二）运营成本

运营成本是网店在运营过程中所发生的各种耗费，可以把它划分为硬运营成本和软运营成本。

硬运营成本是指网店运营中用于硬件设备及后端软件一次性购置成本或稳定固定的持续支出。如 CRM 系统、ERP 系统等后端软件的采购与维护费用，以及打印机、扫码枪等硬件设备的购置及维护成本。

软运营成本是指网店运营中的运营推广投入。主流的推广模式有四种：CPC（按点击效果付费）、CPM（按展现付费）、CPT（按单位时长付费）、CPS（按效果付费），此外还包括赠送客户的小礼品、包邮的成本、打折促销的活动投入等其他费用。

（三）货品成本

货品成本属于网店运营的核心成本，分为货品净成本、库存积压成本、仓库管理成本、货品残损成本等。主要包括采购商品时支付的货款、运输费、装卸费、保险费、包装费，运输途中的合理损耗和入库前的整理挑选费，商品的仓储费以及保管费，销售过程中发生的退换货的耗费等。

（四）人员成本

此部分属于电商运营的支撑元素成本，主要包含员工成本、场地成本、管理成本、办公设备成本等。

任务实施

典型岗位任务：商品成本的计算

商品成本的计算，是对商品在采购、经营过程中所发生的成本、费用进行归集，以确定商品总成本和单位成本的一种工作任务。通过准确计算商品成本，可以掌握成本构成情况，考核成本计划的完成情况，掌握经营活动的状况，促使企业加强核算，节约支出，提高经济效益。

任务目的

通过训练，理解商品成本的含义，加深对网店商品成本构成的认识，掌握商品成本的计算方法。

任务内容

根据自己网店的实际情况，按照课程中关于“网店商品成本的构成”的知识，对网店商品的成本进行分析和计算。

任务步骤

第一步：理论回顾

复习商品成本的概念、网店商品成本的构成、平台固定成本、运营成本、货品成本和人员成本。强调成本计算对于定价决策、盈亏平衡分析和财务规划的重要性。

第二步：成本分类

提供成本分类列表，识别成本类型，列出自己网店可能涉及的所有成本项目。

第三步：数据收集

收集或模拟最近一段时间内网店的销售记录、进货发票、运营账单等财务数据。整理各项成本的详细支出，包括但不限于货品成本、运输费、包装费、员工工资、营销费用、租金和折旧等。

第四步：成本计算

根据商品成本的构成，计算商品的平台固定成本、运营成本、货品成本和人员成本，并填表。

成本类别	成本明细分析
平台固定成本	例如，淘宝的“美容美体仪器”类目保证金：1 000 元
运营成本	
货品成本	
人员成本	
成本合计	

第五步：成本分析

分析成本构成比例，识别成本控制的关键环节。

讨论哪些成本可以降低，哪些成本是固定的，以及如何优化成本结构。

第六步：盈亏平衡点的计算

引入盈亏平衡点概念，使用成本数据计算盈亏平衡点。讨论达到盈亏平衡点的销售量或销售额，以及如何通过定价和销量预测来实现盈利。

第七步：案例研究

分析一个真实的网店案例，探讨其成本结构和定价策略。对比自己的成本计算结果，学习案例中的成本控制和优化技巧。

第八步：汇报与讨论

展示成本计算结果和分析报告，分享在成本控制方面的发现和见解。同学间进行互评，教师提供专业反馈，强调正确的成本管理和会计原则。

第九步：总结与应用

总结本次任务学到的关键成本计算技巧和财务管理原则。鼓励将所学应用到日常的网店经营中，定期审查成本结构，确保盈利能力。

任务要求

在进行商品成本的分析和计算时，需要结合课程的内容，正确分析各种成本。

任务评价

序号	测评内容	分值	自评	小组评
1	正确分析并列出平台固定成本	20		
2	正确分析并列出运营成本	20		
3	正确分析并列出货品成本	20		
4	正确分析并列出人员成本	20		
5	正确计算该商品的总成本	10		
6	素养目标的达成	10		
合计		100		

案例评析

与实体店相比，直播电商在成本方面具有显著优势，主要表现为营销和渠道费用的大幅降低。实体店需要承担高昂的店面租金、装修费用及人员成本，而直播电商则通过线上平台直接触达消费者，减少了中间环节和实体运营成本。

网店商品的成本主要来源于产品采购成本、仓储物流成本、平台服务费用、营销推广费用以及可能的退换货成本等。在直播电商模式下，虽然营销成本相对较低，但确保商品质量和合法合规的宣传推广仍需投入一定成本。

课后复习与思考

1. 商品的采购价格就是商品的成本吗？
2. 什么是商品成本？
3. 网店商品总成本是由哪些方面构成的？
4. 商品发生的退货属于哪一类成本？

任务三 商品的基本定价

任务目标

• 知识目标：

认识商品定价的基本方法；领悟成本导向定价法的原理；领悟需求导向定价法的原理；领悟竞争导向定价法的原理。

• 能力目标：

掌握成本导向定价法中各种方式的计算方法；掌握需求导向定价法中各种方式的计算方法；掌握竞争导向定价法中各种方式的计算方法。

• 素养目标：

培养学生诚实守信、追求品质的职业素养，树立坚定的民族自信心，厚植为实现中华民族伟大复兴而不懈努力的家国情怀。

案例导入

小米 SU7 定价出炉

造车三年，小米 SU7 售价终于揭开面纱。2024 年 3 月 28 日，小米集团创始人在小米汽车上市发布会上宣布，小米 SU7 标准版、Pro 版和 Max 版售价分别为 21.59 万元、24.59 万元和 29.99 万元。小米 SU7 标准版对标特斯拉 Model3，Max 版本对标保时捷 Taycan。华安证券分析师对小米汽车上市后的表现抱有较高期待，认为其主要竞争对手是 20 万元～30 万元的 B、C 级纯电动轿车，赛道高速增长。信达证券分析师表示，小米汽车自带流量，已有20余家上市公司表示与其合作，凭借小米在智能化、生态协同等方面的优势，小米汽车交付有望逐渐放量，相关零部件供应商有望受益。

思考：

小米汽车在定价方面采用了什么方法？

知识介绍

高端产品变“白菜价”

定价方法是电商企业为实现其定价目标所采取的具体方法。商品的定价方法有很多，根据与定价有关的基本因素，可以总结出三种基本的定价方法，即成本导向定价法、需求导向定价法和竞争导向定价法。

一、成本导向定价法

成本导向定价法是网店经营者在商品定价过程中，以商品成本为基础确认商品销售价格的方法。成本导向定价法，是一种最简单的定价方法，即在商品单位成本的基础上，加上预期利润作为商品的销售价格。

成本导向定价法有5种不同的定价方式，如图4–3所示。

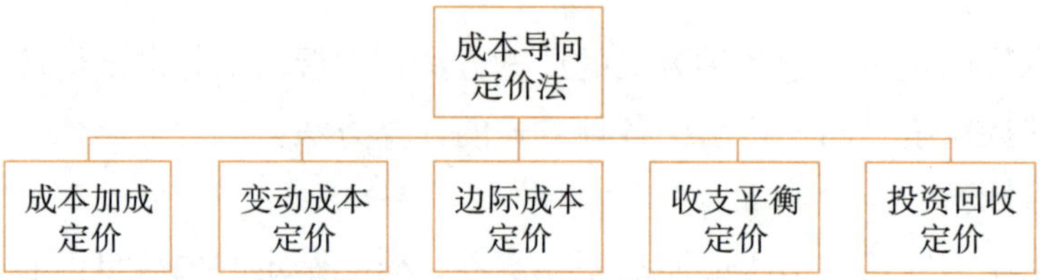

图4–3　成本导向定价法

（一）成本加成定价

售价与成本之间的差额就是利润。利润的多少是有一定比例的，这个比例就是人们俗称的“几成”，因此这种方法就称为成本加成定价。成本加成定价法是零售业广泛使用的一种定价方法。对于不同的商品，成本利润率的变化很大，比如小家电的成本利润率为20%～50%，运动服饰的成本利润率为25%～40%等。

小提示

成本利润率与进货价格和商品的周转速度成反比。

计算公式：

商品售价 = 商品成本 ×（1+ 成本利润率）

例如，网店 A 商品的成本是 15 元 / 件，经营者分析进货价格和商品的周转速度后，将该商品的成本利润率定为 20%，那么 A 商品的售价为：

A 商品售价 =15×（1+20%）=18（元 / 件）

知识拓展

行业五新——商品定价领域的新技术

在新经济背景下，商品定价的新技术主要集中在利用人工智能、机器学习和大数据分析来实现智能化、动态化及个性化的定价策略。例如，某电商平台使用机器学习模型根据库存水平、用户点击率以及购买历史等因素实时调整商品价格。这种技术不仅帮助该平台在激烈的市场竞争中保持价格优势，还显著提高了其利润率。例如，在特定商品需求高峰期，系统会自动上调价格；而在需求低谷期，则可能提供折扣以刺激销量。

（二）变动成本定价

变动成本定价以单位商品的变动成本为“成本”基础，将需覆盖的全部固定成本与目标利润之和作为“边际贡献”，并以二者相加的结果确定商品价格。所谓变动成本，是指总成本中随商品经营量增减而正比例变动的成本项目。值得注意的是，作为加成部分的边际贡献，其数额确定具有一定弹性，具体取决于企业经营管理的实际情况。

这种定价方式的优点是易于在各种商品之间合理分摊固定成本费用；有利于网店制定市场接受的商品价格；可以根据各种商品贡献的多少安排销售的商品线，实现最佳商品组合。

计算公式：

商品售价 = 变动成本 + 边际贡献

例如，网店 B 商品的变动成本为 8 元 / 件，边际贡献为 12 元 / 件，那么 B 商品的售价为：

B 商品售价 =8+12=20（元 / 件）

（三）边际成本定价

边际成本定价以单位商品的边际成本为定价基础。网店边际成本指的是网店每新增一单位商品销售量，所带来的总成本的增量。比如，网店仅售出 1 件商品时的成本是巨大的，售出 100 件商品时成本就低得多，售出 1 000 件商品时成本就更低了，这就是规模经济带来的效益。

在完全竞争市场中，边际成本定价法是达到市场均衡的定价方法，此时网店的边际收益等于边际成本。它的基本目的是不求盈利、但求少亏。在市场竞争日趋激烈，商品供大于求，库存积压严重的时候，网店可以采用边际成本定价法。不仅能收回变动成本，还能补偿一部分固定成本，从而减少店铺的损失。

计算公式：

商品售价＝单位商品边际成本

例如，市场竞争日趋激烈，C 商品供大于求，库存积压严重。为了清减库存，网店使用边际成本定价。经过核算，C 商品的边际成本为 50 元 / 件，那么 C 商品的售价为 50 元 / 件。

（四）收支平衡定价

收支平衡定价是以总成本和总销售收入保持平衡为原则的定价方式。采用此方式定价，总销售收入等于总成本，利润为零，企业不盈不亏，收支平衡。收支平衡定价方式的优点是计算简便，可使企业计算出在盈亏平衡时的商品价格和最低销售量。

计算公式：

商品售价＝总成本 ÷ 预期销售量

例如，网店 D 商品的固定成本为 2 万元，单位变动成本为 10 元 / 件，根据上月的业绩估算，预期销售量为 1 万件。那么 D 商品的售价为：

D 商品售价＝（20 000+10×10 000）÷ 10 000=12（元 / 件）

（五）投资回收定价

在核算网店经营商品的总成本（包括固定成本和变动成本）与预计总销售量的基础上，根据企业设定的投资收益率计算出需实现的目标利润额，再将这部分目标利润分摊到单位商品中，最终确定商品售价。

计算公式：

商品售价＝（总成本＋投资总额 × 投资收益率）÷ 销售量

例如，网店的投资总额为 200 万元，预期投资收益率为每年 15%，预计年销售 E 商品为 10 万件（假设全部售完）。假设网店的年固定成本消耗为 40 万元，单位商品可变成本为 6 元。那么，E 商品的售价如下：

E 商品售价＝（400 000+6×100 000+2 000 000×15%）÷ 100 000

=13（元 / 件）

以上五种方式是成本导向定价法的主要体现。成本导向定价法的优点在于卖方对自己的成本比对市场需求更了解，成本资料是网店经营管理所需资料中最完备、最容易获得的资料。其缺点是在大多数行业里，很难在商品定价之前确定商品单位成本，这是因为单位成本是随商品的销量而变化的。

二、需求导向定价法

需求导向定价法是指根据市场需求强度和消费者对商品价值的理解来制定商品销售价格的方法。这种定价方法主要是考虑顾客可以接受的价格以及在这一价格水平上的需求数量，而不是商品的成本。按照这种方法，即便同一种商品，若市场需求不一样，也可以制定不同的价格。

需求导向定价法主要有三种定价方式，如图 4–4 所示。

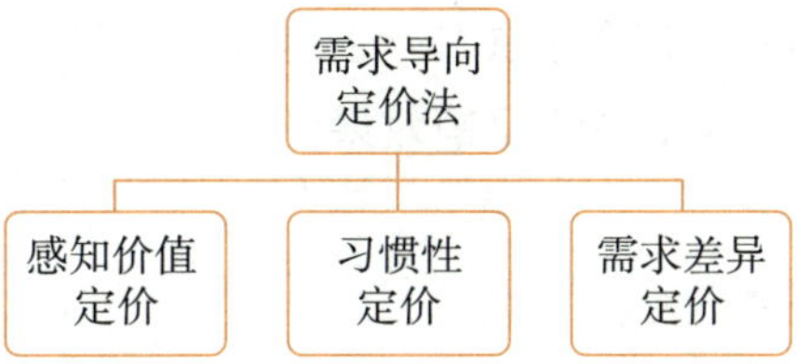

图 4–4　需求导向定价法

（一）感知价值定价

感知价值定价是网店以消费者对商品价值感知为基础的定价方法。消费者的价值感知主要来源于其主观判断、以往经验和对消费体验的感知。网店可以通过营销活动提高消费者的感知价值，从而提高商品价格。其关键在于了解顾客感知价值的方式及决策过程，从而向潜在顾客展现并提供高于竞争对手的价值。

（二）习惯性定价

习惯性定价是指消费者在长期的消费活动中，对某种商品价格形成了一种稳定性的价值评估，企业在定价时通常会顺应这种消费者已形成的价格习惯，不再轻易改变价格的定价策略。许多商品尤其是家庭生活日常用品，在市场上已经形成了习惯价格。消费者已经习惯于消费这种商品时，只愿付出这么大的代价，如购买一块肥皂、一瓶洗涤剂等。企业对这些商品的定价，一般应依照习惯确定，不要随便改变价格，以免引起顾客的反感。善于遵循这一习惯确定商品价格者往往受益匪浅。

（三）需求差异定价

需求差异定价是指以不同时间、地点、商品及不同消费者的消费需求强度差异为定价的基本依据，针对每种差异决定其在基础价格上是加价还是减价的定价策略。需求差异定价主要有以下几种形式。

1. 因地点而异

如国内机场的商店、餐厅向乘客提供的商品的价格普遍要高于市内的商店和餐厅。

2. 因时间而异

在国庆、春节等购物黄金节点，部分商品价格出现一定程度增长。

3. 因商品而异

奥运会举办期间，标有奥运会会徽或吉祥物的 T 恤及一些周边商品价格高于同类商品。

4. 因顾客而异

不同顾客因职业、阶层、年龄等原因产生差异化商品需求。企业在定价时给予相应的优惠或提高价格，可获得良好的促销效果。

三、竞争导向定价法

竞争导向定价法是指企业对竞争对手的价格保持密切关注，以对手的价格作为自己商品定价的主要依据的定价方法。当然，这并不意味着与对手的价格保持一致，而是指企业可以根据对手的价格制定出高于对手、低于对手的价格。

竞争导向定价法主要有三种定价方式，如图 4–5 所示。

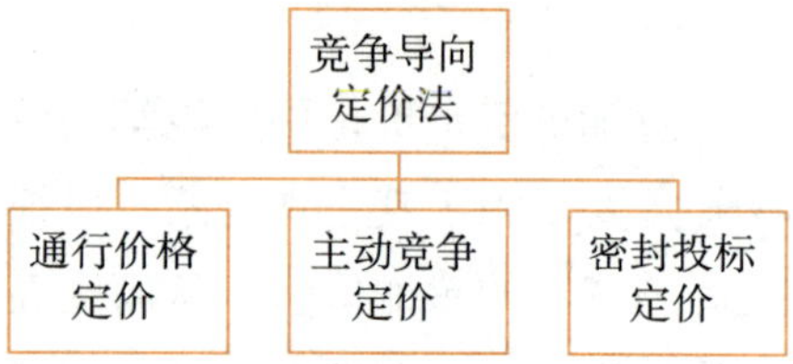

图 4–5　竞争导向定价法

（一）通行价格定价

通行价格定价方式是使网店商品的价格与竞争者商品的平均价格保持一致。这种定价方式适用于竞争激烈的均质商品，如大米、面粉、食油以及某些日常用品价格的确定。

（二）主动竞争定价

与通行价格定价相反，主动竞争定价不是追随竞争者的价格，而是根据店铺商品的实际情况及与竞争对手的商品差异状况来确定价格。这种定价方式一般为富于进取心的网店经营者所采用。

（三）密封投标定价

密封投标定价主要用于投标交易方式。投标价格是网店根据对竞争者的报价估计确定的，而不是按网店自己的成本费用或市场需求来制定的。网店参加投标的目的是希望中标，所以它的报价应低于竞争对手的报价。运用这种方法，最大的困难在于估计中标概率，这涉及对竞争者投标情况的掌握，只能通过市场调查及对过去投标资料的分析大致估计。

任务实施

典型岗位任务：商品的基本定价

商品的基本定价是企业在商品初步定价的基础上，选择合适的定价方法进行计算，最终确定商品价格的工作任务。选用不同的定价方法，会得出不同的商品价格。因此，商品定价员要依据企业的营销策略，选择合适的定价方法制定商品价格。

任务目的

通过实训，加深对成本导向定价法、需求导向定价法和竞争导向定价法这三种商品基本定价方法的认识和理解。掌握这三种定价方法，以达到能根据实际情况，合理选择合适的方法对网店商品进行定价的实训目的。

任务内容

从自己的网店中选取一件合适的商品，分别使用成本导向定价法、需求导向定价法和竞争导向定价法进行价格的计算。

任务步骤

第一步：从自己的网店中选出一件合适的商品

请写出商品的名称：

第二步：成本导向定价法的练习

（1）成本加成定价。

请写出该商品成本的计算过程及结果：

请设定该商品的成本利润率：

请根据公式计算该商品的售价：

（2）变动成本定价。

请写出该商品变动成本的计算过程及结果：

请写出该商品边际贡献的计算过程及结果：

请根据公式计算该商品的售价：

（3）边际成本定价。

请写出该商品单位商品边际成本的计算过程及结果：

请根据公式计算该商品的售价：

（4）收支平衡定价。

请写出该商品总成本的计算过程及结果：

请写出该商品的预期销售量：

请根据公式计算该商品的售价：

（5）投资回收定价。

请写出该商品总成本的计算过程及结果：

请写出网店的投资总额中该商品所占：

请写出网店的投资预期收益率：

请写出该商品的预期销售量：

请根据公式计算该商品的售价：

第三步：需求导向定价法的练习

该方法需要对消费者进行调查，由于课堂实训难以开展真实的市场调查，所以可以通过对同班同学的调查，获取消费者对商品价值的理解情况。

（1）感知价值定价。

请写出消费者对该商品的心理认同价格：

（2）习惯性定价。

请写出消费者习惯于消费该商品的价格：

（3）需求差异定价。

请写出以下差异的定价情况：

1）因地点而异：

2）因时间而异：

3）因商品而异：

4）因顾客而异：

第四步：竞争导向定价法的练习

（1）通行价格定价。

请写出竞争对手对该商品的定价：

（2）主动竞争定价。

请根据该商品的实际情况及与竞争对手的差异状况来确定价格：

（3）密封投标定价。

如果发生投标交易方式，请写出你会为该商品设定的价格及理由：

任务评价

序号	测评内容	分值	自评	小组评
1	能从网店中选出一件合适的商品	10		
2	正确使用成本导向定价法进行商品的定价	30		
3	正确使用需求导向定价法进行商品的定价	30		
4	正确使用竞争导向定价法进行商品的定价	20		
5	素养目标的达成	10		
合计		100		

案例评析

小米汽车在定价方面运用竞争导向定价的方式。小米汽车明确了智界 S7、特斯拉 Model 3 等车型为其主要竞争对手。这些车型均处于 20 万元～30 万元的 B、C 级纯电动轿车市场，与小米汽车的目标市场高度重合。

课后复习与思考

1. 什么是成本导向定价法？

2. 什么是需求导向定价法?

3. 什么是竞争导向定价法?

任务四　商品的定价策略

任务目标

- 知识目标:

熟悉新品定价策略；熟悉商品组合定价策划；掌握商品生命周期定价策略。

- 能力目标:

在新商品上市时，能根据市场的各种因素，采用合适的策略进行定价；能运用商品组合定价策略对网店的商品进行组合定价；能根据商品生命周期的规律，在商品的不同阶段进行相应的定价。

- 素养目标:

培养学生开拓创新与追求卓越的职业素养，树立精益求精的工匠精神，提升创优培质与实践应用的能力。

案例导入

小牛电动打造全场景高端化产品阵列

小牛电动作为高端智能化两轮电动车品牌，针对 90 后、00 后等主要用户群体，坚持独立自主、智能颜值的品牌路线。上市之初，小牛电动因一车难求而掀起热潮。随着新国标电动自行车政策逐步落实，两轮电动车行业迎来大洗牌，高端化竞争日益激烈。小牛电动 SQi 售价近万元，但仍保持可观销售速度，频频登上热销榜。尽管存在提车周期长等负面情绪，但用户拿到实车后口碑逐渐回升。业内人士分析，随着两轮电动车行业竞争转向价值战，消费者对于高端市场有更多期许，高端产品热销背后需有技术路线革新探索。

思考:

在定价方面，小牛电动 SQi 采用了哪种定价策略?

知识介绍

一、新品定价策略

新商品能否打入市场，并在市场上站稳脚跟，与定价策略的选择有很大关系。新商品价格的正确制定，需要结合商品成本、竞争对手、消费者需求等因素进行分析，还要充分考虑影响价格的其他因素。具体有以下三种新品定价策略。

名创优品：用“工匠精神”打造幸福体验

（一）渗透定价策略

渗透定价策略是指在新商品投入市场时定低价，目的是在短期内加速市场成长，牺牲高毛利以期获得较高的销售量及市场占有率，进而产生显著的成本经济效益。

例如，小米手机面世之初，就给广大用户树立了“高性能，低价格”的品牌印象，旗舰机型只卖 1 999 元，小米 2A、MAX 等更是降到了 1 699 元、1 499 元。小米通过自己浓厚的社区基因为用户打上了“手机发烧友”的标签，在此前提下，又有如此有竞争力的价格护航，小米手机迅速占领了手机市场，而后凭借越发成熟的研产供系统，积累了生产经验，降低了手机生产与分销的单位成本。

小提示

渗透定价的优点：商品能迅速为市场所接受，打开销路，增加产量，使成本随生产发展而下降；低价薄利，使竞争者望而却步，减缓竞争，获得一定市场优势。

渗透定价的缺点：新商品一开始实行从低定价，会冲击企业已有商品的销路，造成同类旧商品的市场生命周期缩短。并且，从低定价投资回收期限较长，若企业资金不足，易制约其发展。

（二）撇脂定价策略

撇脂的原意是指取牛奶上的那层脂肪，含有捞取精华的意思。撇脂定价，即商家把新商品推向市场时，利用一部分消费者的求新心理定高价，在竞争者推出相似的商品之前，尽快收回投资并取得高额利润，随后再逐步降价，使新商品进入弹性大的市场。

例如，iPhone X 就采取了典型的撇脂定价。以在我国市场的发售为例，iPhone X 在苹果官方商店的零售价为 8388 元人民币起，黄牛市场将价格炒到万元上下，即使对于“果粉”来说，也是属于高价位商品，但是一经推出，首批供货立马被抢购一空。

小提示

撇脂定价的优点：利用人们的求新心理，在短期内收回投资并取得高额利润，同时以高价格提高商品和企业形象。

撇脂定价的缺点：如果新商品市场吸引力不足，加之价格较高，就不利于打开市场，并且由于高价厚利，容易招致竞争对手，会迫使价格下降，好景难续。

动画
商品定价的策略

（三）满意定价

满意定价策略是在撇脂定价和渗透定价之间选择一种能使生产者和消费者都能接受的定价策略。由于撇脂定价策略定价较高，既容易引起消费者的不满和抵制，又容易引起市场竞争，具有一定的风险；渗透定价策略定价过低，虽然对消费者有利，但企业在新商品上市初期收入甚微，投资回收期长。满意定价策略介于二者之间，既能规避撇脂定价因价高带来的市场风险，又可以避免渗透定价因低价产生的经营困难，从而兼顾企业自身利益与消费者需求。但这种定价方法比较保守，不适合需求复杂多变和竞争激烈的市场环境。

知识拓展

行业五新——商品定价领域的新标准

国家对商品定价的新标准主要体现在法律法规的完善和监管力度的加强上，旨在维护市场价格秩序、保护消费者权益及促进公平竞争。例如，《中华人民共和国价格法》规定了大多数商品和服务价格实行市场调节价，但同时也明确了极少数商品和服务价格可以实行政府指导价或政府定价。此外，《国家市场监督管理总局令（第56号）》关于明码标价和禁止价格欺诈的规定，进一步规范了商家的价格行为，确保价格透明度和真实。例如，如果某电商平台上的商家在促销活动中虚构原价，再以所谓的折扣吸引顾客购买，则违反了价格法及相关法规，将受到相应的处罚。这不仅保护了消费者的合法权益，也促进了电商行业的健康发展。

二、商品组合定价策略

商品组合定价策略是指对于互补商品、关联商品，网店在制定价格时，迎合消费者的某种心理对商品进行搭配组合销售，以取得整体效益的定价策略。例如，消费者对滞销、价值高的商品价格反映比较敏感，反之对畅销、价值低的商品价格反映比较迟钝，网店可以适当降低前者价格，提高后者价格，使两者销售相互得益，增加总盈利。商品组合定价可以细化分为以下几种类型。

（一）分级定价

分级定价是指店铺将同一种商品，根据外观、款式或者质量上的差别，分成不同的等级，选择其中一种作为标准，对该种商品设定高中低不同的档次分别定价。例如，通常情况下，我们认为低档商品的定价可以接近商品的成本，认为高档商品的定价则大幅度地超过成本。分级定价示例如图 4–6 所示。

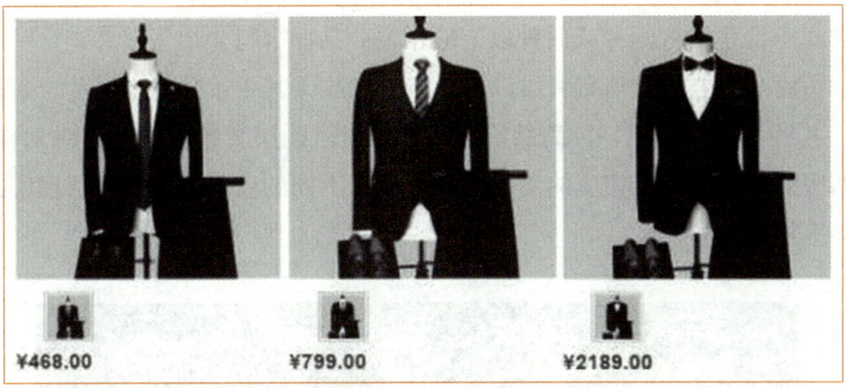

图 4–6　分级定价示例

（二）商品线定价

商品线定价是根据消费者不同类型的需求，设计不同功能和品质的商品线。例如，在西服的选择中，消费者有休闲、职业、婚礼、交友、宴会等不同场景的穿着需求，因此便形成了西服的商品线。店铺可以针对西服的不同风格，进行相应的定价。

（三）连带商品定价

连带商品定价又称必需附带商品定价，这种策略是指店铺对必须与主要商品一同使用的商品进行定价。顾客购买了主商品，还须购买连带商品才能使主商品发挥作用。例如，西服需要与衬衫、领带、皮带、西裤、皮鞋等单品搭配，才会有好的穿着效果。店铺一般可以将主商品的价格定低一些，而将其连带商品的价格定高一些，以通过连带商品的销售获得长期利益。连带商品定价示例如图 4–7 所示。

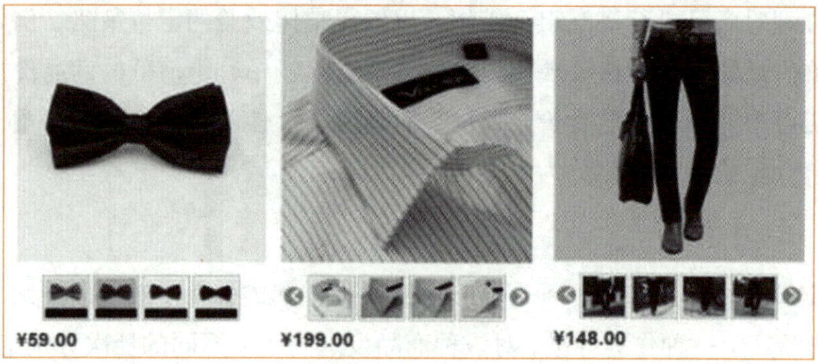

图 4-7　连带商品定价示例

（四）捆绑式定价

捆绑式定价是指将两种或两种以上的相关商品捆绑打包出售，并制定一个合理的价格。购买商品组合时，消费者可以以低于分别购买其中单品时支付的金额而拥有全套产品，其核心是单买某一种商品价格很贵，但是购买套餐价格就相对划算。例如，在销售西服时，可以制定相应的商品套餐，捆绑不同的商品进行销售。捆绑式定价示例如图 4-8 所示。

A套餐：西服+西裤+9件礼品（衬衫/皮带/领结/领带/方巾/男袜/防尘罩/衣架/备用扣）
B套餐：西服+马甲+西裤+9件礼品（衬衫/皮带/领结/领带/方巾/男袜/防尘罩/衣架/备用扣）

图 4-8　捆绑式定价示例

三、商品生命周期定价策略

（一）新上市商品定价

商品刚刚投入市场，对许多消费者来说还比较陌生，因此销量低，也没有竞争者。为了打开新商品的销路，店铺在定价方面可以根据不同的情况采用撇脂定价策略、渗透定价策略或满意定价策略。

（二）商品成长期定价

商品进入成长期后，店铺的生产能力和销售能力不断扩大，表现在销售量迅速增长，利润也随之大大增加。这时候的定价策略应该是选择在合适的竞争条件下，能保证店铺实现目标利润或目标回报率的目标定价策略。

（三）商品成熟期定价

商品进入成熟期后，市场需求日趋饱和，销售量也达到顶点并有开始下降的趋势，表现在市场上就是竞争日趋尖锐激烈，仿制品和替代品日益增多，利润达到顶点。在这个阶段，店铺一般将商品价格定得低于同类商品以排斥竞争者，以维持销售额的稳定或进一步增大。

（四）商品衰退期定价

在商品衰退期，商品的市场需求和销售量开始大幅下降。同时市场发现了新的替代品，利润也日益缩减。这个时期常采用的定价方法有维持定价和驱逐定价。

如果希望处于衰退期的商品继续在顾客心中留下好的印象，或是希望能继续获得利润，店家可以维持商品原有价格。维持定价能否成功，关键要看新的替代品的供给状况。如果新的替代品满足不了需求，那么原商品还可以维持一定的市场；如果替代品供应充足，顾客肯定会转向替代品，这样会加快老商品退出市场的速度，很难达到维持市场的效果。

任务实施

典型岗位任务：制定新品定价策略

制定商品定价策略是商品定价工作中的重要任务。在市场营销活动中，企业为了实现自己的经营战略和目标，经常根据不同的产品、市场需求和竞争情况，采取各种灵活多变的定价策略，使价格与市场营销组合中的其他因素更好地结合，促进和扩大销售，提高企业的整体效益。

任务目的

通过实训，进一步认识新品定价策略的原理，能根据三种新品定价策略的优缺点，为自己网店新上架的商品制定合适的定价策略，以达到能根据市场的各种因素使用合适的策略进行定价的能力。

任务内容

在自己的网店中，选择一件准备上架的新品，根据下述表格的内容进行分析，为这件商品制定合理的定价策略。

任务步骤

第一步：理论复习

回顾新品定价策略的基本概念，包括渗透定价、撇脂定价和满意定价的适用场景和优缺点。讨论商品组合定价策略及商品生命周期定价策略的要点。

第二步：市场调研

收集目标市场和竞争者的信息，了解同类产品的价格范围、顾客需求和购买行为。分析目标顾客群体的价值感知和支付意愿。

第三步：商品分析

选择网店中的一件新品，对其特性、成本、目标市场和价值主张进行分析。列出商品的优势和差异化特征。

第四步：策略选择

基于市场调研和商品分析的结果，讨论并决定采用哪种新品定价策略。考虑商品组合定价策略，如果适用，详细计划如何与其他商品联动定价。

第五步：填表

完成新品定价策略分析表格的填制。

项目	分析
商品名称	
定价目标	
商品成本	
市场需求分析	
竞争对手定价	
制定合理的定价策略	
理由及分析	

第六步：定价计算

根据选定的定价策略，计算新品的初始价格。考虑成本加成、竞争对手价格、顾客价值感知等因素。

第七步：生命周期定价规划

规划商品从上市到衰退各阶段的定价调整策略。设定价格变动的时间表和触发条件。

第八步：制定执行方案

编写一份详细的定价策略执行方案，包括定价理由、预期目标、实施步骤和评估指标。确定如何监控和调整定价策略以应对市场变化。

第九步：汇报与讨论

分组汇报各自的定价策略和执行方案。组织全班讨论，对比不同策略的利弊，学习他人经验。

第十步：教师点评与反馈

对每个小组的定价策略进行点评，提供专业建议和改进建议。强调定价策略的成功要素，如灵活性、市场适应性和顾客导向。

第十一步：总结与反思

总结实训中学习的关键定价技巧和策略；反思个人在定价决策过程中的思考方式和决策逻辑。

任务要求

在为商品定价时，需要结合课程的内容，选择合适的定价策略为商品定价。

任务评价

序号	测评内容	分值	自评	小组评
1	能合理选择商品	10		
2	有明确的定价目标	10		
3	正确填写商品成本	10		
4	能合理分析消费者需求	20		
5	了解竞争对手的定价策略	10		
6	制定合理的定价策略	20		
7	能分析选定定价策略的理由	10		
8	素养目标的达成	10		
合计		100		

案例评析

小牛电动 SQi 在定价方面采取了撇脂定价策略来开拓新品市场，其起售价近万元的两轮电动车在市场上保持了可观的销售速度，甚至在经历用户等车风波后，限量发售仍然秒售罄，并频繁登上热销榜。这表明小牛电动 SQi 通过高价策略成功定位了自身在高端两轮电动车市场的地位，并满足了消费者对于高端产品的期许。

课后复习与思考

1. 商品定价有哪些常用的策略？
2. 新品定价策略有哪些？
3. 渗透定价具有什么优点和缺点？
4. 商品组合定价策略有哪些？
5. 商品生命周期包括了哪些阶段？
6. 商品在成熟期应如何定价？

任务五　完善商品定价

任务目标

• 知识目标：

认识商品定价常用的技巧；熟知定价技巧的主要内容及原理；了解定价技巧的应用情景。

• 能力目标：

掌握各种定价技巧的具体方法；能结合实际，灵活运用定价技巧调整商品定价。

• 素养目标：

培养学生诚信、细致、严谨的职业素养，树立坚守质量底线、杜绝数据造假的职业道德，提升开拓创新及适应数字时代处理分析数据的能力。

案例导入

超市活动商品定价

超市为了提高某款皂粉的销量，消化库存，推出了促销活动。此外，超市与支付宝进行合作，为商品设置了支付宝专享价，借助活动进行移动支付的推广，以提升超市资金的管理效率。活动中，顾客使用支付宝结账可以享受更大的优惠。超市宣传海报如图 4–9 所示。

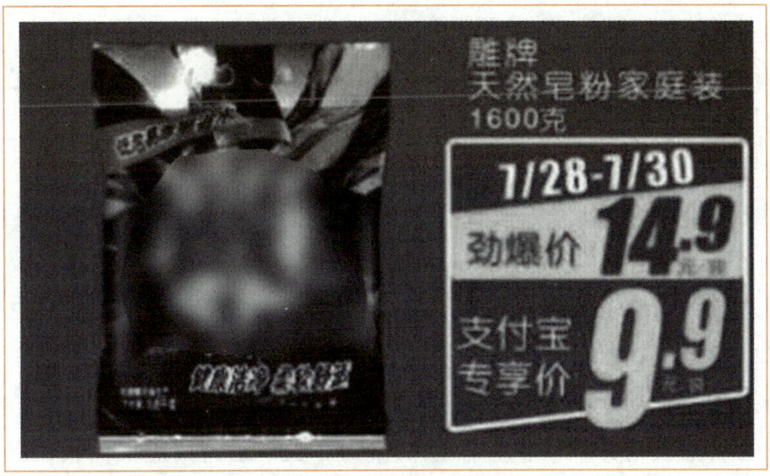

图 4–9　超市宣传海报

思考：

1. 该款皂粉的价格为什么以 9 作为尾数？
2. 超市在对该款皂粉定价时运用了哪些定价技巧？

知识介绍

一、“均一价”易管理

推动数字技术的农业应用，增强估产估值定价“本领”

均一价法是一种把店铺中售价相近的商品统一设定为同一价格的定价技巧，因此也被称为“同价销售法”。这种定价技巧在一定程度上会给顾客以便宜的感觉，同时能简化网店商品的管理、提升管理效率。特别是对于杂货类型的店铺，商品种类越多，这种定价技巧的效果就越突出。

均一价法在各类零售场景中应用广泛，从街边小店到大型商超都能看到其身影。

例如，一些商家会根据商品定位，开设 10 元、50 元、100 元等不同价位的商品专柜。在日常生活中，1 元店、2 元店等小店铺更是凭借这种定价技巧精准抓住了消费者的需求，从而吸引了大量顾客。值得一提的是，知名连锁品牌“MINISO 名创优品”便是巧妙运用均一价法在短短四年内实现了全球近 3 000 家门店的快速扩张，充分展现了均一价法在规模化零售运营中的市场潜力。

二、“小单位定价”很便宜

小单位定价是一种对价格较高的商品采用小单位报价的定价技巧。价格分割主要是根据消费者的价格心理，在定价时采用较小的单位进行报价，使顾客产生价格便宜感。没有谁能比顾客对价格更敏感了，这种技巧能让顾客产生一种购物心理：只需支付很低的价格就能拥有高价的商品，物超所值。

实践应用：

（1）用较小的单位报价。例如，售价为每千克 100 元的茶叶，报价为“1 元 / 10 克”。

（2）用小单位价格报价。例如，“使用这款电冰箱平均每天花费 0.2 元电费，只够吃一块水果糖！”

（3）分期免息支付服务。很多网店提供了分期付款的服务，特别是电子产品类、电器商品类的店铺较为常见。例如一款价格为 2 000 元的扫地机器人，顾客选择分期支付最低只需每期支付不到 150 元就可以拥有这款产品，给店家带来了良好的营销效果。

三、“9尾数定价”真神奇

9 尾数定价是一种依据消费者的购物心理，把商品的售价使用 9 作为尾数的定价技巧。9 尾数定价会给价格低的心理感受，可以迎合希望实惠、便宜、划算的购买心理，能有效激发消费者的购买热情。“9 尾数定价”。

实践应用：例如价值 10 元的商品，聪明的商家会把价格定为 9.9 元。尽管只相差 1 角钱，给顾客带来的心理感受却大相径庭。9.9 元的定价，给顾客的心理暗示是这件商品不到 10 元；而定价 10 元，则会让顾客感觉价格升高到了另一个级别。

四、“吉利数字定价”人人爱

吉利数字定价是一种借助消费者对某些数字的发音联想和偏好来制定价格的技巧，通过吉利数字满足消费者的心理需要，并在无形中提升消费者的满意度。在我国文化中,"8" 与 "发" 发音相近，寓意财源广进;"6" 寓意 "六六大顺","9" 寓意 "长长久久"。

五、"分级定价" 多选择

分级定价是指在销售过程中，店铺把同类商品根据材料、规格、性能等不同的因素，分成几个等级，针对不同等级的商品，制定不同价格的定价技巧。分级定价使消费者产生一种按质论价、货真价实的感觉，因而容易被消费者接受。但要注意，等级划分要适当，级差不能太大或太小，否则，起不到应有效果。

实践应用：服装店根据面料及款式的差异，把运动套装分为 4 组进行定价，价格分别为每套 79 元、99 元、129 元和 138 元。这种定价策略容易使消费者感受到高低档差别，产生一种安全感和信任感。同时消费者可以根据自己的需要选购相应价格的运动套装。因此，相比起普通的定价方式，分级定价更容易被消费者所接受。

六、"对比定价" 显优势

对比定价是利用商品的其他价格作为参照，而反衬出商品现价的优势的一种定价技巧。与 "红花虽好还要绿叶扶持" 的道理一样，商品价格通过与参照价格的对比更能展现其优势，以此促进和刺激消费者的购买欲望。

实践应用：

(1) 现价与原价对比。在促销活动中，商家常会在促销价格的旁边标注原价作为参照，让消费者直观看到价格的差距，切实感受到优惠力度，增强消费欲望。

(2)新款商品价格与前代商品价格对比。如果店铺即将发布某款商品的最新款式，该如何定价它的前代商品？一些店铺通常会将前代商品降价以使其逐步淡出市场，然而，这往往是个错误的选择。麦肯锡国际咨询公司的营销专家在《麦肯锡定价》中建议，店铺需要对前代商品的价格进行提升来树立优势，通过这一举措以提高消费者心中的参考价格，进而提高对新一代商品的价格期待。

(3) 自己的商品价格与竞争者的商品价格对比。精明的消费者一般都有货比三家的习惯。为了激发消费者的购买欲，说明自己的商品物美价廉，商家会与竞争者进行比价，并承诺买贵补差价，这样就能提升消费者的信任感。当然，前提是商品真的具备比价的能力。

(4) 不同规格的对比。某品牌咖啡的规格定价颇具巧思：中杯 360mL，售价 27 元；大杯 480mL，售价 30 元；超大杯 600mL，售价 33 元。每种规格之间相差 120mL，3 元的差价，让消费者感到购买大容量更划算，主动增加消费支出。

七、“合理折扣”促销售

在店铺经营中，打折促销是一种常见的定价技巧。这种技巧是一把双刃剑，虽然有助于拉动商品销量，但如果打折方式不当，很容易导致价格战甚至损害品牌形象。简言之，若要将折扣的效果最大化，需要给出一个让消费者相信的理由。

实践应用：我们常见的以各种节日为主题的促销打折，并不会让消费者认为这种打折是因为产品有问题。因为这种打折促销活动利用了“隐形打折”的策略，以“双十一都是商家优惠的日子”这个正当理由来打折，避免了产品价值感的贬低。

八、“100原则”力度大

不同的语境会让消费者对同一价格产生不同的认知，折扣也是如此。遵循“100原则”是指当商品的价格低于 100 元时，用百分比的形式进行折扣展示；当商品的价格超过 100 元时，用实际金额的形式进行折扣展示。这样做会显得折扣力度更大。

实践应用：以一个售价 50 元的商品为例，哪种折扣方式效果更好：是“立减20%”，还是“立减 10 元”？算一下就能知道，其实两种折扣的优惠金额完全相同，但是一眼看去数字 20 比 10 大，所以“立减 20%”的表述会给消费传达折扣力度更大的感知。

九、“专属优惠”显尊贵

专属优惠是一种为特定人群设定特定优惠的定价技巧。“专属”给消费者传递了唯一性和尊贵性的消费心理，能提高顾客的感受价值，是促成顾客购买和培养顾客忠诚度的一种有效的方式。粉丝专属、会员专属、老客户专属、VIP 专属、老人专属、儿童专属等都是商家常用的营销技巧。

实践应用：一家淘宝新店为了吸引人气，把新用户转化为忠实客户，对一款商品制定了粉丝专享优惠价格。原价 49 元的商品，对粉丝直接优惠 10 元。消费者通过收藏店铺、收藏商品、进入店家的粉丝群，即可享受“粉丝专享”的优惠价格。通过运用这一技巧，该商品带动了很多进店流量，店铺和商品的收藏量大增，不仅有效刺激了消费，也培养了很多忠诚客户。

任务实施

典型岗位任务：完善商品定价

商品定价员在完成了商品的初步定价、成本计算、基本定价、定价策略制定后，还需要运用定价技巧，对商品的价格进行适当优化。因此，该项任务是商品定价系列工作的最后一环。商品价格经过科学优化处理后，往往能达到事半功倍的效果，在商品定价中起到非常重要的作用。

任务目的

加深对定价技巧的认识和理解，把握每种技巧的应用情景，达到能结合实际灵活运用定价技巧、完善商品定价的技能目标。

任务内容

在定价实训的基础上，从自己的网店中选择一种商品，运用定价技巧对该商品的定价进行完善。

1. 写出商品名称：
2. 商品的原定价：
3. 请写出运用“均一价”技巧的调价结果：

4. 请写出运用“小单位定价”技巧的调价结果：

5. 请写出运用“9 尾数定价”技巧的调价结果：

6. 请写出运用“吉利数字定价”技巧的调价结果：

7. 请写出运用“分级定价”技巧的调价结果：

8. 请写出运用“对比定价”技巧的具体做法：

9. 请写出运用“合理折扣”技巧的具体做法：

10. 请写出运用“100 原则”技巧的具体做法：

11. 请写出运用“专属优惠”技巧的具体做法：

任务评价

序号	测评内容	分值	自评	小组评
1	正确填写网店的商品及原有定价	10		
2	掌握“均一价”技巧	10		
3	掌握“小单位定价”技巧	10		
4	掌握“9 尾数定价”技巧	10		
5	掌握“吉利数字定价”技巧	10		
6	掌握“分级定价”技巧	10		
7	掌握“对比定价”技巧	10		
8	掌握“合理折扣”技巧	10		
9	掌握“100 原则”技巧	10		
10	素养目标的达成	10		
合计		100		

案例评析

从超市的促销海报可以看出，该商品的活动定价为 14.9 元/袋，支付宝专享价为 9.9 元/袋。超市使用了“9 尾数定价”技巧。9 尾数定价会给消费者价格低的心理感受，可以迎合消费者希望实惠、便宜、划算的购买心理，能有效激发消费者的购买热情。

除了运用“9 尾数定价”技巧外，超市还运用了“专属优惠”定价技巧，为使用支付宝支付的顾客设置了支付宝专享价。

课后复习与思考

1. 商品定价有哪些常见的技巧？
2. “小单位定价”在应用中有哪些形式？
3. “对比定价”在实践中有哪些具体应用？
4. “100 原则”的主要内容是什么？
5. 举例说明生活中常见的专属优惠方式。

拓展任务：AI+竞争导向定价

任务导入

小智同学在完成了智能手环的成本导向定价后，意识到这仅仅是定价策略的一部分。小智深知在当今激烈的市场竞争中，仅仅依据成本来定价是不全面的。小智决定进一步探索竞争导向定价，制定出更有竞争力的定价策略。那么，什么是竞争导向定价？竞争导向定价有何重要意义？如何运用智能技术开展竞争导向定价？

任务目标

- 知识目标：

理解竞争导向定价的概念；了解竞争导向定价的重要性；熟悉传统商务与智能商务开展竞争导向定价的流程和方法。

• 能力目标：

掌握使用商品历史价格查询平台进行搜索并收集竞品的历史价格数据的方法；能运用数据分析技能，对收集到的价格数据进行整理、分析和解读；能利用人工智能技术，如构建和使用预测模型，制定和调整自身商品的定价策略，以适应市场竞争。

• 素质目标：

培养学生的创新意识，鼓励他们在定价中勇于尝试新方法、新思路，以适应市场变化。引导学生树立合规经营的理念，确保在定价过程中依法依规行事，维护经营者和市场的健康发展。

任务知识

一、竞争导向定价

竞争导向定价是一种基于市场上竞争对手的价格来设定自己产品价格的策略。这种定价方法主要用于竞争激烈的市场环境中，其主要目的是帮助企业通过价格调整获得市场份额或保持竞争力。

采用竞争导向定价的优势在于考虑了市场上的竞争态势，能够快速响应市场变化，并有助于维持行业的价格稳定。然而，这种方法也有局限性，如可能导致过度关注价格而忽视商品质量和服务，容易引发价格战，损害企业的长期利润。因此，企业在实施竞争导向定价时应综合考量自身的商品特性、品牌形象以及成本结构等因素，以制定出更加合理有效的定价策略。

二、竞争导向定价的重要性

竞争导向定价为电商提供了一种有效的工具，用于应对市场竞争、优化利润并提升市场份额。

（1）有助于快速响应市场变化。通过密切关注竞争对手的价格变动，电商经营者可以迅速调整自己的价格策略以保持竞争力。例如，在一个价格敏感的市场中，如果竞争对手降低了价格，可以通过降低自身产品的价格来避免失去客户。

（2）有助于优化利润空间。通过对市场上同类产品价格的分析，可以选择高于或低于竞争对手的价格点，这取决于品牌的定位和目标市场的偏好。比如，对于高端品牌来说，可能会选择高于市场平均水平的价格来传递高质量的信息；而对于主打性价比的品牌，则可能选择更低的价格来吸引价格敏感型顾客。

（3）有助于提升市场占有率。在同质化较高的产品类别中，价格往往是消费者决策的重要因素之一。通过合理设置价格，电商经营者可以在不牺牲利润率的前提下吸引更多顾客，从而扩大市场份额。

三、传统商务的竞争导向定价

在传统商务中，经营者对商品进行竞争导向定价是一种需要综合考虑市场、竞争对手和消费者等多方面因素的策略。通过明确竞争对手、收集竞争信息、分析竞争对手的定价策略、评估市场反应等步骤，经营者可制定出更具竞争力的定价策略，提高市场份额和利润率。

（一）明确竞争对手

首先要明确自己所处的行业，并确定主要竞争对手。这些竞争对手可能是同一行业内销售类似商品或服务的其他经营者。

（二）收集竞争信息

收集并整理与竞争对手有关的信息，包括其商品或服务特点、价格策略、销售渠道、促销活动等。可通过市场调研、竞争对手网站、行业报告等渠道获取这些信息。

（三）分析竞争对手的定价策略

根据收集到的竞争信息，分析竞争对手的定价策略。了解竞争对手是如何制定价格的，是否存在季节性或促销性定价策略，以及是否采用差异化定价等。

（四）评估市场反应

通过市场调研和数据分析来评估市场对价格变化的反应。了解消费者对价格的敏感度以及商品或服务的需求强度，从而确定合适的定价策略。

（五）制定竞争导向定价策略

在对竞争对手的定价策略和市场反应有了深入的了解之后，经营者需要根据自身的成本结构和市场定位来制定竞争导向定价策略。经营者根据不同的营销策略，使同种同质的商品在消费者心中形成不同的商品形象，进而根据商品特点，选取低于或高于竞争者的价格作为自己的商品价格。

（六）监控和调整价格

在实施竞争导向定价策略后，经营者需要持续监控市场价格和竞争对手的价格变化。如果市场或竞争对手的价格发生变化，经营者需要及时调整自己的价格策略以保持竞争力。

此外，经营者还需要定期评估竞争导向定价策略的效果，包括销售额、市场份额、利润率等指标。如果效果不佳，经营者需要重新审视定价策略并进行必要的调整。

小提示

无论是智能商务还是传统商务，竞争导向定价都是基于市场上竞争者的价格来制定自身产品的价格。企业会密切关注竞争对手的价格策略，并据此来调整自己的价格水平，以保持或提高市场竞争力。

在目标方面，两者的目标都是为了在激烈的市场竞争中获得优势地位，提高市场份额，实现企业的盈利目标。通过合理的竞争导向定价，企业可更有效地应对竞争对手的价格挑战，保持或扩大自身的市场份额。

在方法方面，智能商务和传统商务中，企业采用竞争导向定价时，都可能运用通行价格定价、主动竞争定价、密封投标定价法等具体方法。这些方法在不同商务模式下具有相似的应用逻辑和效果。

四、智能商务的竞争导向定价

在智能商务时代，电商经营者进行竞争导向定价时，可以利用先进的数据分析工具和人工智能技术来优化其策略。

（1）可以通过大数据分析实时监控竞争对手的价格变动，并使用机器学习算法预测市场趋势，从而动态调整价格。

（2）借助 AI 技术深入理解消费者行为和偏好，通过个性化推荐系统为不同用户群体提供定制化的价格策略。例如，基于用户的浏览历史、购买记录等数据，电商平台可以向特定用户提供专属折扣或优惠，以增强客户忠诚度并促进销售。

（3）智能化的定价工具还支持自动化执行复杂的定价规则，比如根据库存水平、季节性因素或促销活动自动调整价格。这些工具通常会结合成本加成、需求弹性及竞争态势等因素，给出最优定价建议。

最后，为了保证定价的有效性和合法性，电商经营者还建立完善的数据安全措施和合规框架，确保所有定价行为遵守相关法律法规。

任务实训：基于人工智能技术的竞争导向定价策略

一、实训目标

理解竞争导向定价的基本概念及其在市场策略中的重要性；掌握通过商品历史价格查询平台分析竞品历史定价的方法，体会人工智能技术在竞争导向定价中的应用，提高数据分析能力。

二、实训内容

（一）知识学习

学习竞争导向定价的定义、原理及实施步骤；分享人工智能技术在市场定价中的应用案例。

（二）平台操作

认识商品历史价格查询平台，掌握搜索竞品价格的方法，并学会查看历史价格走势图。

（三）数据分析

选取目标商品及其竞品，收集历史价格数据，并进行数据整理和分析。

（四）人工智能技术应用

利用人工智能数据分析工具识别竞品定价规律，分析影响竞品定价的主要因素，预测竞品未来价格趋势。根据预测结果，制定自身商品的定价策略。

（五）分享与讨论

分享在实训中的发现和体会，讨论人工智能技术如何帮助企业优化定价策略。

三、实训要求

（1）在平台操作过程中，认真完成商品搜索、数据收集等任务，并记录关键信息。

（2）数据分析部分需展示清晰的数据处理和分析过程，包括图表和表格的呈现。

（3）提交实训报告，报告内容包括实训过程、数据分析结果、制定价格策略等部分。

四、实训演示

步骤 1：挑选竞品

进入淘宝平台（https：//www.taobao.com），根据自身商品定位，挑选合适的竞品作为竞争导向定价参考，如图 4–10 所示。

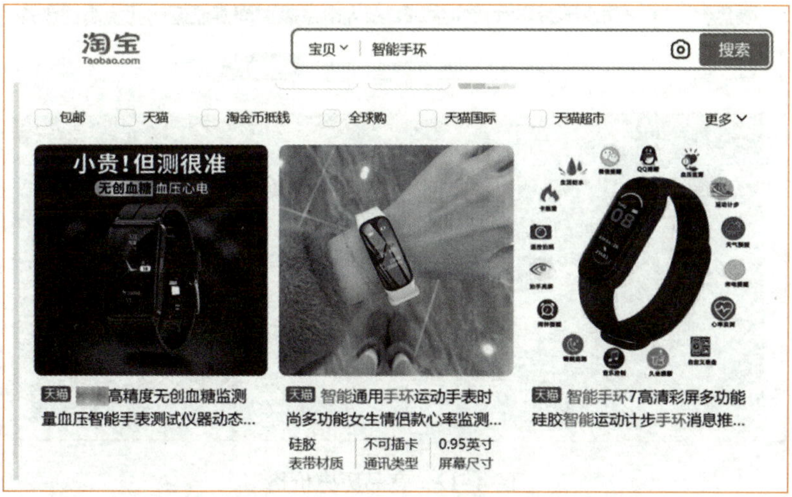

图 4–10　电商平台选取竞品

步骤 2：查看竞品的价格

进入竞品页面，可查看到竞品的当前价格，如图 4-11 所示。

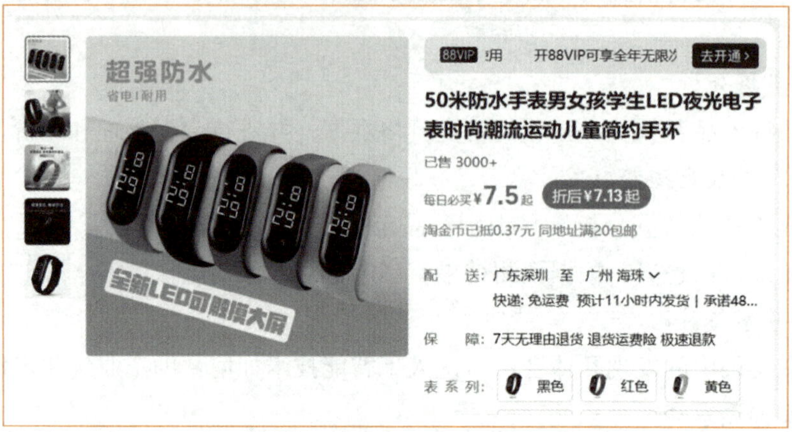

图 4-11　竞品当前价格信息

步骤 3：查看竞品的历史价格走势

在竞品展示页的网址域名后面加入三个字母“v”，可查询该竞品的历史价格走势图。

例如竞品的网址为：https：//item.taobao.com/item.htm?id=669543494382。

加入三个“v”变为：https：//item.taobaovvv.com/item.htm?id=669543494382。

通过新网址，即可查看到竞品的历史价格走势图，如图 4-12 所示。

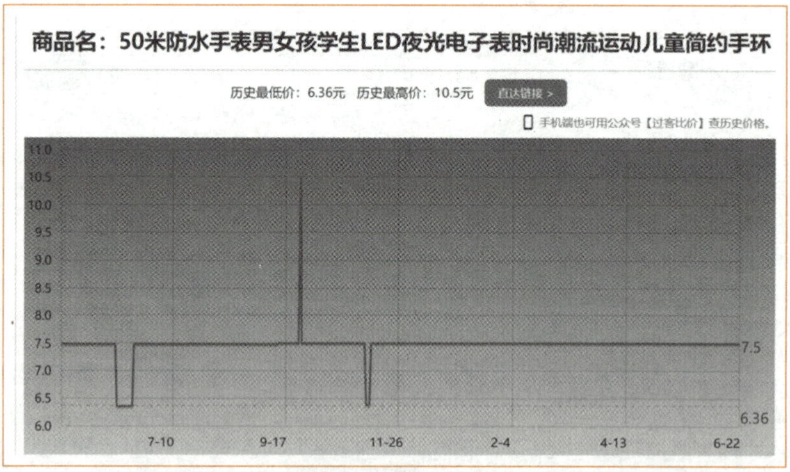

图 4-12　竞品历史价格

步骤 4：整理竞品价格信息

使用 Excel 整理竞品的历史价格信息，把价格变化的关键时点和价格记录下来，如图 4–13 所示。

时间	价格
2023年5月1日	7.48
2023年6月4日	6.36
2023年6月15日	7.48
2023年9月13日	7.5
2023年9月26日	10.5
2023年9月27日	7.5
2023年11月6日	6.38
2023年11月12日	7.5

图 4–13　整理竞品历史价格

步骤 5：运用人工智能分析竞品价格规律

（1）进入并注册登录人工智能数据分析工具“办公小浣熊”（https：//raccoon.sensetime.com/office），如图 4–14 所示。

（2）通过“选择本地文件”功能上传步骤 4 整理竞品价格信息的 Excel 文件。表格上传成功后，会在界面右侧的“文件预览”进行展示，如图 4–15 所示。

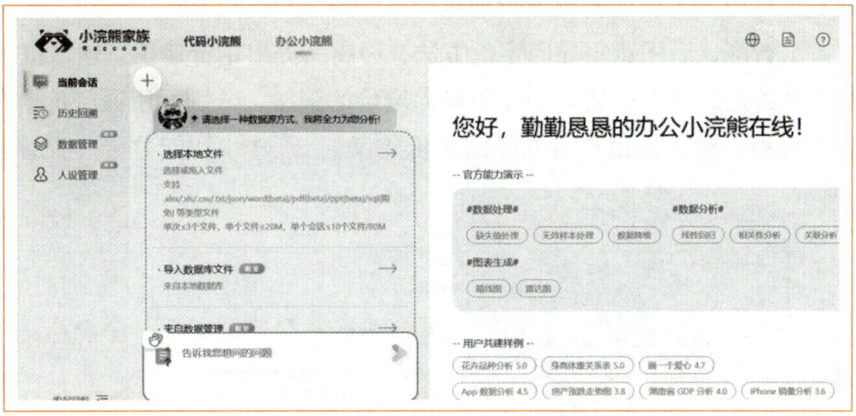

图 4–14　办公小浣熊主界面

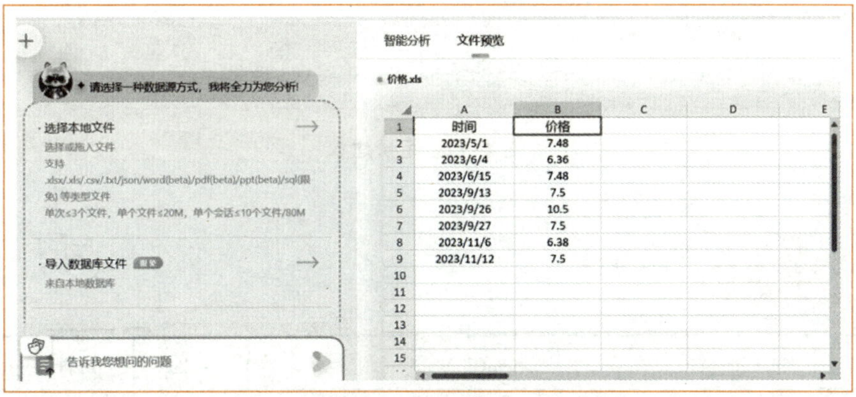

图 4–15　文件预览界面

（3）运用人工智能进行价格数据分析，输入提示词：“这是某款商品的历史价格信息，请进行价格数据分析，找出规律特点。”通过“智能分析”查看分析结果，如图 4–16 所示。

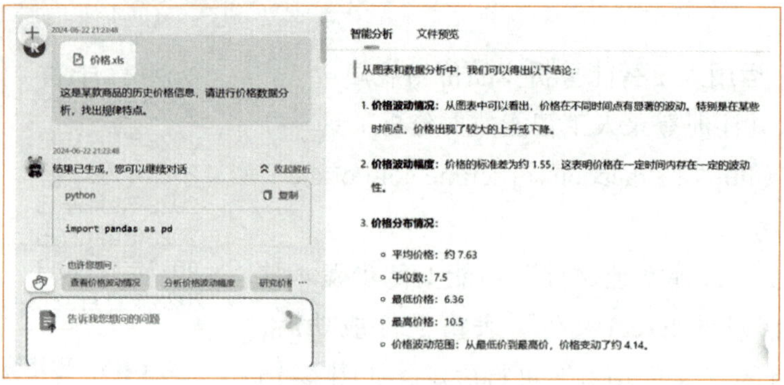

图 4–16　价格分析结果

步骤 6：运用人工智能提出定价建议

通过人工智能，运用竞争导向定价方法，为商品提出定价建议。输入提示词："上述是竞品商品的定价信息，请运用竞争导向定价的策略，分别运用通行价格定价和主动竞争定价两种方法，提出自身商品的定价建议。"通过"智能分析"查看建议，如图 4–17 所示。

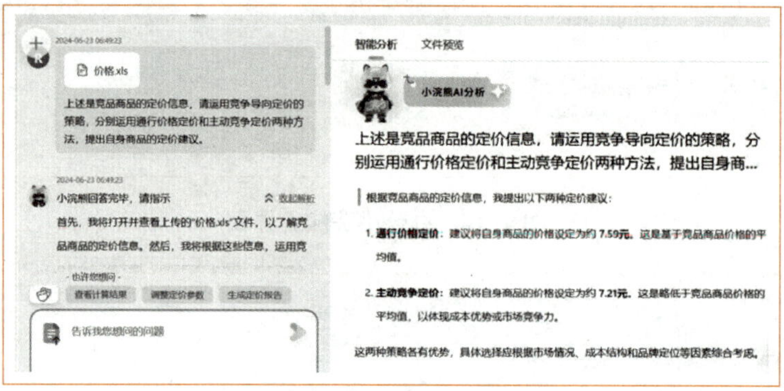

图 4–17　定价建议

任务评价

序号	描述	分值	自评	小组评
1	对竞品历史价格数据的搜索、收集和分析能力	20		
2	使用工具对收集到的数据进行整理、分析的能力	20		
3	运用人工智能技术进行价格数据分析和提出定价建议的能力	20		
4	提出的定价建议的质量和可行性	20		

续表

序号	描述	分值	自评	小组评
5	在实训中的发现和体会的分享，以及讨论的质量	10		
6	在任务中展现的职业素养	10		
合计		100		

课后复习与思考

1. 在竞争导向定价中，为什么要关注竞品的历史定价？

2. 人工智能技术在竞争导向定价中有哪些优势？

3. 在实施竞争导向定价时，除了考虑竞品价格，还有哪些因素会影响经营者的定价决策？

项目五 商品仓储管理

项目背景

经过前面四个项目的学习，我们主要掌握了以下知识点：如何为自己的网店创立品牌；为了网店品牌的可持续发展，如何做好品牌传播及品牌延伸；根据网店的定位，如何为网店选品，并有效地进行商品的采购；根据定位和利润目标，如何为商品进行定价。

在网店实际经营过程中，消费者除了在意商品的质量和价格外，也注重物流配送的效率和网店运营者的服务质量。因此，商品仓储管理是非常重要的一个环节。商品从生产企业到消费者手中，需要借助仓储手段进行储存、包装、成组、分批、疏散等。本项目将从五个方面介绍我们该如何进行有效的商品仓储管理，以达到低成本、高效益的库存管理的目的。

职业岗位

岗位名称：仓储管理

岗位职责：

1. 熟悉仓库货品的进、出货管理流程，货品出、入库的电脑开单及录入记账工作，做到账账相符。

2. 熟悉仓储进、销、存账务、统计等作业，熟练操作电脑文书处理及企业仓储有关系统，定期进行库存盘点，进行单据的整理及归档。

3. 负责统筹及推进仓储流程的优化改善，支持仓储业务能力持续提升。

4. 负责物料仓储方案的设计和编制，仓储相关工作项目的管理。

5. 负责仓储运营绩效管理，包括绩效指标设定、目标设定，指标达成过程监控和改善等相关工作。

任务一 仓储规划与设计

任务目标

• 知识目标：

了解仓储规划设计的意义，了解仓储规划设计的原则，熟悉仓储规划设计的功能，掌握仓库的选址与布局，掌握仓库走线与通道设计。

• 能力目标：

能根据需求进行仓储规划与设计。

• 素养目标：

培养较强的实践能力和积极创新的科学精神，树立安全意识，增强在实际操作中应用这些能力和精神的能力。

案例导入

京东加速布局前置仓

京东近日宣布成立“创新零售部”并布局自营前置仓业务，已在北京投入运营两个前置仓，采取“电商流量＋自营模式＋电商物流配送”的履约方式，并实现同城拼配 2 小时送达。与叮咚买菜、盒马等生鲜电商平台不同，京东前置仓需同一地区商品完成拼单后才能集中配送。该业务由京东到家团队和生鲜事业部负责推进，生鲜事业部是主导团队。京东看重前置仓业务发展潜力，计划今年在北京开设数十个仓位。

思考：

仓库设置对京东的经营有什么影响？

知识介绍

仓储规划和设计的思路和方法

一、仓储规划设计的意义

仓储规划设计就是从空间和时间上对仓库的新建、改建和扩建进行全面系统的规划。仓库建设代表一个企业在赢得时间与地点效益方面所做出的努力，在一定程度上也是企业实力的一个标志。更为重要的是，建设规划的合理性还将对仓库的设计、施工和运用、仓库作业的质量和安全，以及所处地区或企业的物流合理化产生直接和深远的影响。

知识拓展

行业五新——商品仓储领域的新知识

云仓服务作为一种新型仓储模式，允许卖家将库存存放在第三方服务商的仓库中，由这些专业仓库提供从存储、拣货、包装到发货的一站式物流服务，这不仅减少了企业的固定资产投入，还提高了订单处理的速度和准确性。例如，跨境电商卖家可以利用海外云仓缩短配送时间，降低物流成本，并改善客户体验。云仓平台通常配备先进的订单管理系统，确保快速准确地处理大量订单，同时支持卖家通过 ERP 系统实时监控库存状态和订单进展。这种灵活高效的仓储解决方案非常适合现代电商环境下的多变需求。

动画
仓储规划与设计

二、仓储规划设计的原则

（1）尽可能采用单层设备，达到造价成本低、资产平均利用率高的目的。

（2）保证货物的出入库是单向运动或直线运动，避免物流线路交叉，避免逆向操作，避免大幅度改变方向的低效率运作方式。

（3）采用高效率的货品搬运设备及操作流程。

（4）采用有效的存储计划。

（5）在货物搬运设备大小、类型、转弯半径的限制下，尽量减少通道所占用的空间。

（6）尽量利用好仓库的高度。

三、仓储规划设计的内容

（1）确定仓库的所有权。

（2）确定仓库网点的数量、规模及服务范围。

（3）确定备选库址。

（4）确定仓库建筑类型及结构。

（5）进行仓库物流功能区平面规划设计。

（6）确定仓库设备类型及数量。

（7）制定仓库物流作业管理规划。

（8）制定仓库管理组织和人员规划。

（9）预测仓库建设投资及运行费用。

四、仓库布局的设计

（一）仓库结构类型的选择

仓库结构类型根据仓库的功能和任务来确定，主要包括：

（1）仓库的主要功能：储存、分拣、流通加工、配送等。

（2）储存对象：货物的性质、类型、数量、外形大小等。

（3）仓库内外环境：温度、湿度、消防、安全等。

（4）经济能力：投资额的大小、经营成本的控制等。

（二）仓库设施、设备的配置

根据仓库的功能、存储对象、环境要求等确定主要设施、设备的配置，主要包括：

（1）存货、取货：货架、叉车、起重运输机械等。

（2）分拣、配货：分拣机、托盘、搬运车、传输机械等。

（3）验货、养护：检验仪表、养护设备等。

（4）防火、防盗：温度监视器、防火报警器、监视器、防盗报警器等。

（5）流通加工：加工作业机械、工具等。

（6）控制管理：计算机及辅助设备等。

（7）配套设施：货台、轨道、道路、场地等。

（三）仓储面积的确定

仓储面积是影响仓库规模和仓储能力的重要因素。仓储面积包括库区总面积和仓库建筑面积。

（1）库区总面积：指从仓库外墙线算起，整个围墙内所占的全部面积。

（2）仓库建筑面积：指仓库内所有建筑物所占平面面积之和。若有多层建筑，应加上多层面积的累计数。

（3）仓库使用面积：指仓库内可以用来存放商品的面积之和，即库房、货棚、货场的使用面积之和。

（4）仓库有效面积：指在库房、货棚、货场内计划用来存放商品的面积之和。

确定仓库面积所要考虑的主要因素包括：

（1）物资储备量，决定所需仓库的规模。

（2）平均库存量，决定所需仓库的面积。

（3）仓库吞吐量，反映仓库实际出入库的货物量，与仓库面积成正比关系。

（4）货物品种数，在货物总量一定的情况下，货物品种数越多，所占货位越多，收发区越大，所需仓库面积越多。

（5）仓库作业方式，机械化作业必须有相应的作业空间。

（6）仓库经营方式，实施配送制需要有配货区，实施流通加工制需要有作业区等。

五、库房走线设计

（一）设计原则

不走回头路，保证配货效率。

（二）走线方案

（1）A 方案：两条主通道，配货员从 A 道进—采集器扫描货品条码—拣货—B 道出— B 口仓管员验单、物一致性—放行—包装区—发货单与快递单同步打印—包装作业—快递分流区。库房走线设计如图 5–1 所示。

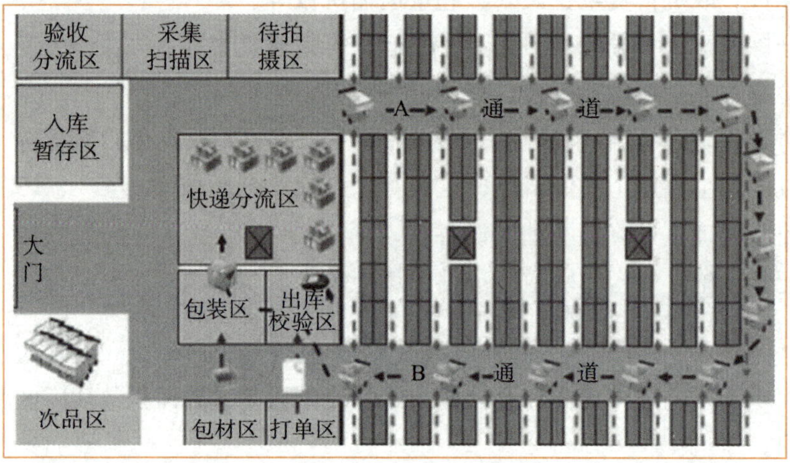

图 5–1 库房走线设计

（2）B 方案：供应商来货—质量验收分流区—采集扫描区—待拍摄区，A 道进入货架。

任务实施

典型岗位任务：仓储规划设计的描述与分析

企业在进行仓储规划设计时，首先需要了解仓库的基础数据，基础数据如货品明细、货品的出入库明细、往期库存数据，以及仓库硬件设计图，如库内平面图、消防设备、照明设备布置图等，在以上数据的基础上，结合企业需求，再做仓储规划设计，这样就迈出了避免决策失误的第一步。

任务目的

实地调研企业，通过对企业仓库的规划设计进行描述与分析，巩固仓库规划设计的基本知识。

任务内容

选择本地一家电商公司的仓库进行实地调研，了解该仓库的规划设计，完成调研报告，陈述调研结果。

任务要求

实地调研过程中，需要结合本任务的知识，明确企业仓库规划设计的各项内容，充分完善调查报告。

任务步骤

第一步：知识复习

复习仓储规划设计的意义、仓储规划设计的原则、仓储规划设计的内容、仓储规划设计的功能要求、仓库的选址、仓库的布局模式、仓库布局的设计、确定仓库主体结构、库房走线设计、货架通道设计等知识，讨论仓库设计中常见的问题和解决方案。

第二步：调研前准备

任务分组，每组分配一家本地电商公司的仓库作为调研对象。准备调研清单，包括仓库的物理结构、存储区域分布、货架类型、自动化设施、出入库流程、员工工作环境、安全措施等。安排与仓库管理人员的沟通，获取调研许可和必要的背景资料。

第三步：实地调研

在企业人员的陪同下，进入仓库进行现场观察。记录仓库的实际布局、操作流程、设备使用情况以及任何独特的设计特点。收集有关仓库日常运营的数据，如吞吐量、库存周转率、拣货准确率等。

第四步：数据整理与初步分析

整理收集到的信息和数据，对仓库的规划设计进行初步分析，识别其优点和潜在改进点，使用图表、流程图等方式可视化数据和观察结果。

第五步：撰写调研报告

每个小组撰写调研报告，内容包括仓库概况、规划设计分析、操作流程描述、存在的问题与建议。报告应包含数据分析、图片、图表和引用的数据来源。

第六步：报告审阅与修改

小组间互评报告，提出修改意见。根据反馈进行必要的修订，确保报告的准确性和专业性。

第七步：汇报与讨论

各小组向全班展示调研报告的主要发现和结论。开展班级讨论，分享各自调研的亮点和遇到的挑战，相互学习。

第八步：教师点评与反馈

对每组的报告进行点评，强调关键的观察点和分析方法。提供行业视角，解释某些设计决策背后的原因，加深学生对仓库设计实践的理解。

第九步：总结与反思

总结实训中学到的仓库规划设计的重要原则和实践经验。鼓励学生思考如何将所学知识应用于未来可能遇到的物流管理场景中。

任务评价

序号	测评内容	分值	自评	小组评
1	调查对象符合要求	10		
2	调查目的明确	10		
3	调查方式选择合理	10		
4	能进行合理地分析	10		
5	调查报告完善	40		
6	素养目标的达成	20		
合计		100		

案例评析

仓库设置对京东的经营有着显著影响。通过设立自营前置仓，京东能够缩短配送距离，提高物流效率，实现同城拼配 2 小时送达的快速响应，提升用户体验。这一布局有助于京东在生鲜电商领域与竞争对手区分开来，并通过集中配送降低成本。此外，前置仓的扩展计划还预示着京东将进一步深耕本地市场，增强供应链优势，推动业务增长。

课后复习与思考

1. 仓储规划设计的原则有哪些？
2. 仓储规划设计的内容有哪些？
3. 仓库布局的设计内容有哪些？

任务二 商品入库管理

任务目标

- 知识目标：

了解商品入库准备，掌握商品接运方式，掌握商品验收方法，掌握商品入库工作。

- 能力目标：

能把商品入库管理的基本环节应用到实践中。

- 素养目标：

培养人际沟通与协调能力，树立认真细致的职业态度，增强高效协作与精准执行能力。

案例导入

颗粒归粮仓 秋粮收购忙

正值丰收时节，皖南尧乡大地利用数字化、智能化技术进行秋粮收购。在池州市东至县粮食购销公司龙泉分公司，售粮车辆络绎不绝，种粮大户张克枝表示，“一站式服务”方便、快捷。该公司智能信息化系统提升收粮效率，已收购大量潮粮和干粮。安徽禾健米业集团也忙碌于收购、烘干、加工和销售秋粮，新增8组烘干机，日烘干能力达2 000吨，计划收购6万吨秋粮。同时，其加工的“阳禾”牌大米入选2023年

“安徽好粮油”，深受市场喜爱。

案例来源：丁满莲，陈赵元．安徽东至：颗粒归粮仓秋粮收购忙．人民网．

思考：

做好入库管理对秋粮收购有何重要作用？

知识介绍

商品入库是商品仓储管理作业的开始，包括商品的接运、卸货、搬运、清点、验收、整理、办理入库手续等一系列业务活动。

仓库管理人员需具备的四项能力

一、商品入库准备

入库准备工作主要包括以下内容：

（一）人员准备

按照商品的入库时间和数量，安排好接运、卸货、检验、搬运的人员。

（二）单据准备

单据主要是入库申请单、验收单等，入库申请单主要由申请入库单位，入库时间，入库货位号，商品的品名、种类、规格、数量、金额，申请人或检验人签字等组成。

（三）设备准备

根据商品信息确定检验、计量、卸货与搬运的工具和设备。

（四）储位准备

包括储位准备和卸货台准备，预先计划并清理干净。

知识拓展

动画 商品入库管理

行业五新——商品仓储领域的新工艺

在新经济背景下，商品仓储的新工艺主要集中在提升效率、减少成本和增强可持续性。例如，窄巷道（VNA）超平地面技术的应用提高了仓库的空间利用率和操作效率。这种技术通过创建极其平整的地面来支持高架存储系统和高效运作的叉车，使得仓库可以在有限的空间内存储更多的货物，并保证设备的顺畅运行。

以兰西哈三联制药有限公司的老旧仓库改建项目为例，该项目采用窄巷道VNA超平地面施工工艺，不仅提升了原有储运仓库的货物存储量，还优化了货物周转效率。

二、商品接运方式

商品接运是入库业务流程的第一道作业环节，由于货物的到达方式不同，商品接运主要有以下几种方式。

（一）到车站、码头提货

供货商将商品运送到车站或码头，接收单位组织专门人员会同车站或码头工作人员详细做好卸货记录。卸货前，提货员认真核对单据；检查车体，发现问题与承运部门交涉，做好记录。卸货时，检验人员按规定检验商品的质量，做质量检验通知单；检斤人员做好件数、重量记录，包括抽检和全检，做好包装物破损情况的记录。如有品名、数量不符、破损、短缺等情况，应当场要求承运部门检查。

（二）供应商送货到库

供应商将商品直接送到仓库，仓库管理员和验收人员直接与送货人员办理货物交接手续。如发现商品有短缺、破损等问题，应做好记录，由送货人员签字确认，作为后续处理问题的依据。

（三）自提入库

提货人员在提货前要掌握所提货物的品名、规格、数量等情况和注意事项。当供应商点交所提货物时，提货人员要认真查验。双方现场清点，办理交接手续。货物提运到库后，仓库管理员、提货人员、装卸人员要密切配合，认真清点，核对资料，仓管员签收并及时复检。

三、商品验收方法

商品验收有两方面的作用：通过验收，针对到货的情况做出相应的供货策略；通过验收，针对数量短缺、质量损坏等问题，及时与供应商核对确认责任。

（一）商品验收的基本要求

商品验收工作是一项组织严密的工作，关系整个仓储作业能否顺利进行，所以必须做到及时、准确、严格、经济。

（二）商品验收的程序

商品验收作业的程序为：验收准备，核对凭证，实物检验。

1. 验收准备

仓库接到到货通知后，应根据物品的性质和批量提前做好验收前的准备工作，包括以下内容：

（1）安排好负责质量验收的技术人员或用料单位的专业技术人员，以及配合数量验收的装卸与搬运人员。

（2）收集并熟悉待验物品的有关文件，例如技术标准、订货合同等。

（3）准备好验收用的检验工具，例如衡器、量具等，并校验准确。

（4）针对到库物品的性质、特点和数量，确定物品的存放地点和保管方法，其中要为可能出现的不合格物品预留存放地点。

（5）大批量物品的数量验收，必须要有装卸与搬运机械的配合，应做好设备的申请调用。

（6）对进口物品或存货单位指定需要进行质量检验的，应通知有关检验部门会同验收。

2. 核对凭证

入库物品须持有下列凭证：

（1）货主提供的入库通知单和订货合同副本，这是仓库接收物品的凭证。

（2）供应商提供的材质证明书、装箱单、磅码单、发货明细表、产品合格证等。

（3）物品承运单位提供的运单。若物品在入库前发现残损，还要有承运部门提供的货运记录或普通记录，作为向责任方交涉的依据。

将上述凭证加以整理后全面核对。入库通知单、订货合同要与供应商提供的所有凭证逐一核对，核对无误后即可进入下一步的实物检验。

3. 实物检验

实物检验就是根据入库单和有关资料对实物进行数量、质量及包装检验。

4. 货物验收中发现问题的处理

在物品验收过程中，如果发现物品数量或质量有问题，应该严格按照有关制度进行处理。验收过程中发现的数量和质量问题有可能发生在各个流通环节，按照有关规章制度对问题进行处理，有利于分清各方的责任，并促使有关责任部门吸取教训，改进今后的工作。

四、商品入库工作

（一）办理入库手续

在入库商品经检验后，收货员即可与送货员办理交接手续，交接手续分为三部分内容：接收货物，确定收到合格物品的确切数量；接收文件，接收送货人送交的物品资料、运输的货运记录等相关文件；签署单证，仓管员与送货人在送货单、交接清单上签字，完整的入库单据必须具有三联：送货人联、财务联、仓库存联，各方签署后留存相应单证。入库单如表 5–1 所示。

表5–1　入库单

物资编号	品名	规格	单位	数量	重量	实收数量	备注

送货人：　　　　　　　　　　　　接收人：　　　　　　　　　　　　经办人：

（二）登账

商品入库时，仓库应建立详细反映商品仓储的明细账，登记商品入库、出库、结存的详细情况，用以记录库存物品状态和入库出库过程。登账的主要内容有物品名称、规格、数量、累计数或结存数、存货人或提货人、批次、金额、货位号或运输工具、经办人等。

（三）立卡

商品入库或上架后，将商品名称、规格、数量或出入状态等内容填在物料卡上，称为立卡。物料卡又称为货卡、货牌，通常插放在货架上物品下方支架或摆放在货垛正面位置。

任务实施

典型岗位任务：商品入库实训

企业在进行商品入库作业时，需要明确货品入库情况，入库须做好各项准备，须有入库单据及检验合格证明，货物入库需要验收，核对好货品的名称、规格、数量、品质和单据等，是做好仓储管理的基础。

任务目的

通过训练，熟悉商品入库管理的过程，了解安排入库准备工作，学会商品的接运与验收工作，掌握商品入库手续，能把商品入库管理知识运用到实际工作中去。

任务内容

以本任务的案例导入为背景，根据教师指定的商品，学生设计入库准备方案，制作验收流程图，对入库上架工作进行情景描述。

任务步骤

第一步：知识复习

复习商品入库管理的理论知识，包括商品入库准备、商品接运方式、商品验收方法、商品入库工作等。讨论入库过程中可能遇到的问题，如数量不符、质量不合格、包装破损等。

第二步：企业联系与准备

选择本地一家电商公司，与其仓库管理部门联系，安排实训时间和内容。准备实训所需的装备，如 PDA（便携式数据终端）、条形码扫描器、测量工具等。

第三步：现场观摩与指导

在企业仓库管理人员的指导下，现场观摩商品入库的全过程。注意接货区的操作、商品检验、入库记录的填写、商品分类和存放区域的分配。

第四步：模拟入库操作

在实训区域内，模拟商品入库流程。分组训练，每组负责从接收到商品开始，进行卸货、清点、检查、贴标、入库上架等一系列操作。使用实训软件或实际的仓储管理系统进行数据录入，跟踪商品状态。

第五步：问题处理与讨论

设定一些常见问题，如数量差异、质量瑕疵等，在模拟入库时处理。讨论不同问题的应对策略，以及如何预防类似问题的发生。

第六步：实训报告撰写

每个小组编写实训报告，包括实训过程、遇到的问题、解决方案、个人反思等。报告应附有实训中拍摄的照片或视频资料，以证明实训的完成度。

第七步：报告提交与评价

小组间互相审阅实训报告，提出建设性的反馈意见。教师对报告进行评分，重点考察流程理解、问题解决能力以及团队协作表现。

第八步：总结与反馈

总结实训中的亮点与不足，强调商品入库管理的关键点。分享个人实训体验，讨论如何将所学应用到未来的物流管理工作中。

任务评价

序号	测评内容	分值	自评	小组评
1	第 1 步中，人员准备合理	10		
2	第 1 步中，单据准备完善	10		
3	第 1 步中，设备准备合理	10		
4	第 2 步中，能准确制作流程图	20		
5	第 3 步中，入库上架工作安排合理	20		
6	第 3 步中，条理清晰，语言流畅	20		
7	素养目标的达成	10		
合计		100		

案例评析

做好入库管理对秋粮收购具有提高收购效率、确保粮食质量、优化资源配置、保障粮食安全、促进粮食产业发展以及提升农民满意度等多重重要作用。因此，在秋粮收购过程中，应高度重视入库管理的规范化、智能化和精细化水平，以确保粮食收购工作的顺利进行和粮食产业的健康发展。

课后复习与思考

1. 商品入库的准备工作内容有哪些？
2. 商品接运方式有哪些？
3. 商品验收有哪些过程？

任务三　商品在库管理

任务目标

• 知识目标：

了解商品保管的要求，掌握货位编号的方法，熟悉商品堆码方法和技巧，掌握商品盘点方法。

• 能力目标：

能实际运用商品在库管理技能技巧。

• 素养目标：

培养自主学习能力，树立细心踏实的职业精神，增强持续学习与精益求精的实践能力。

案例导入

库存盘点规范仓储管理

近日，安徽省电力物资盘点检查组一行来到国网灵璧县供电公司开展“全域实物库存盘点专项行动工作”的检查工作。

该公司物资仓储人员密切配合盘点小组对所有在库物资情况进行有序实物盘点检查。检查在库物资“账卡物”一致性，落实在库物资是否账账相符、账实相符，以及出入库单据完整性等；对在库物资存储摆放进行检查，是否严格落实网省公司物资五五码放要求；对省管产业单位物资仓库检查，重点检查物资“账卡物”一致性。

检查组高度评价和认可该公司物资管理工作，并要求产业单位物资要与主业物资

"同质化"管理。加强物资盘活利用，防止物资积压。

灵璧供电公司相关负责人介绍，该公司将通过此次实物库存盘点工作检查，实现"以盘促改、以改促进"的工作目的，并形成实物盘点工作的长效机制，推动仓储业务管理规范性不断提升。

案例来源：王玮．刘意潇．灵璧：库存盘点规范仓储管理．新华网．

思考：

做好库存盘点对规范仓储管理有何重要作用？

知识介绍

商品在库管理是指根据仓库的实际条件，对不同物品进行保护和保存以及对其质量、数量进行管理控制的活动，是商品仓储管理的重要内容之一。

一、商品保管的要求

仓储管理的八部曲

（一）合理储存

商品保管应做到仓库分类、库房分区、货区分位，按照商品的性能及其对保管条件的要求，科学地安排商品的储存地点。

根据商品的性能、体积、重量、包装及周转量，正确运用货架、堆码技术及苫垫技术，合理存放商品。

（二）科学养护

按商品的性能，建立科学的商品养护制度以保护商品质量；运用苫垫技术以防止商品受到损害；通过密封、通风、吸潮等方法，控制调节好仓库的温湿度，合理储存商品。

做好金属防锈、除锈、防霉、防腐、防虫、防潮，保护商品的完整及使用价值，减少损耗。

（三）账物相符

做好商品入库出库的点验工作，防止商品数量出错。及时对商品进行检查和盘点，做到账卡相符、货卡相符。

（四）安全保管

安全进行装卸、搬运工作，做好防火、防盗、防漏等工作，确保人员、仓库、设备、商品的安全。

知识拓展

动画
商品在库管理

行业五新——商品仓储领域的新技术

在新经济背景下，商品仓储领域引入众多前沿技术来提升效率和精确度。物联网（IoT）、人工智能（AI）、大数据分析、自动化机器人以及5G技术等都是当前仓储行业创新的关键驱动力。这些技术共同作用，不仅提高了仓储管理的智能化水平，还优化了库存控制和订单处理流程。京东物流采用智能仓储机器人进行货物的自动存储与检索，通过AGV（自动导引车）和机械臂等设备的应用，实现了从入库到出库的全程自动化操作。

二、货位编号的方法

货位编号是将库房、货场、货棚、货垛、货架及存放物品的具体位置按顺序统一编列号码，并做出明显标志。实行货位编号，能够提高收发货物效率，避免出错，在商品在库管理中具有重要作用。

（一）货位编号的要求

1. 标志设置要适宜

如无货架的库房内，走道、支道、段位的标志一般都刷置在水泥或木板地坪上；有货架库房内，货位标志一般设置在货架上等。

2. 标志制作要规范

可统一使用阿拉伯字码制作标志，可在字码大小、颜色上进行区分，或在字码外加上括号、圆圈等符号加以区分。

3. 编号顺序要一致

库房走道及支道的编号一般都以进门的方向左单右双或自左向右顺序编号。

4. 段位间隔要恰当

段位间隔的宽窄取决于货种及批量的大小。

（二）货位编号的方法

1. 区段法

此种编码方式是以区段为单位，每个号码所标注代表的货位区域将会很大，因此适用于容易单位化的货物，以及大量或保管周期短的货物。

2. 品类群法

此种方法是指把一些相关性货物经过集合以后，区分成好几个品类群，再对每个品类群进行编码。适用于比较容易的商品群类别保管及品牌差距大的货物。例如服饰群、五金群。

3. 地址式

地址式是指利用保管区域中的现成参考单位，如仓库的第几栋、区段、排、行、层、格等，依照其相关顺序来进行编码。通常采用的四号定位法就是由库房号、料架号、料架层号和料位顺序号四个号数来进行统一编号。

三、商品堆码方法和技巧

（一）堆码方法

商品堆码方式多种多样，要根据商品的品种、性质、包装、体积、重量等情况，依照仓库的具体储存要求和有利于商品库内管理的原则来确定商品的堆码形式，做到科学合理。常用的商品堆码方法有散堆法、垛堆法、货架法。

1. 散堆法

散堆法适用于露天存放的没有包装的大宗货物，如煤炭、矿石、散粮等。这种堆码方式简便，便于采用现代化的大型机械设备，节约包装成本，提高仓容利用率。

2. 垛堆法

垛堆法适用于有包装的货物和裸装的计件货物。具体方式有：置叠式、压缝式、纵横交错式、通风式、栽柱式、俯仰相间式等。货物堆垛方式的选择主要取决于货物本身的性质、形状、体积、包装等。

3. 货架法

货架法适用于存放小百货、小五金以及工艺品等贵重、零星小件商品，也适用于存放托盘货品。货架储存需要使用专用的货架设备，常见的货架形式有：托盘货架、层格式货架、多层立体货架、移动式货架等。

（二）堆码技巧

商品堆码要做到货堆之间，货垛与墙、柱之间保持一定距离，留有适宜的通道，以便商品的搬运、检查和养护。要把商品保管好，“五距”很重要。五距是指顶距、灯距、墙距、柱距和堆距。

（1）顶距是指货堆的顶部与仓库屋顶平面之间的距离。留顶距主要是为了通风，平顶楼房，顶距应在 50cm 以上为宜。

（2）灯距是指在仓库里的照明灯与商品之间的距离。留灯距主要是为防止火灾，商品与灯的距离一般不应少于 50cm。

（3）墙距是指货垛与墙的距离。留墙距主要是为防止渗水，便于通风散潮。

（4）柱距是指货垛与屋柱之间的距离。留柱距是为防止商品受潮和保护柱脚，一般留 10～20cm。

（5）堆距是指货垛与货垛之间的距离。留堆距是为便于通风和检查商品，一般留 100cm 即可。

四、商品盘点方法

（一）商品盘点的内容

1. 查数量

查明库存的实际数量，核对账面库存数与实际库存数是否一致。

2. 查质量

检查在库商品的包装是否完好，是否超过有效期或保质期，是否有长期积压等现象。

3. 查保管条件

检查保管条件是否与商品要求的保存条件相符合。如库内温湿度是否符合要求，堆码是否合理稳固，有没有发生虫害鼠害等。

（二）商品盘点的方法

1. 账面盘点

账面盘点就是把每天出入库商品的数量及单价记录在计算机或账簿上，而后不断地累计加总，算出账面上的库存结余数量及库存金额。

2. 现货盘点

现货盘点方法有日常盘点、临时盘点、定期盘点。

日常盘点：指对动态的商品即发生过收发业务的商品，及时核对余额是否与账、卡相符。

临时盘点：根据特殊需要而进行，如岗位调动须通过盘点来划清责任，如日常业务收发出错等。

定期盘点：指对仓库商品进行全面性盘点清查，一般是季度盘点或年度盘点，由负责人、仓库管理员、商品会计一起盘点清查。

任务实施

典型岗位任务：商品在库管理实训

企业在进行商品在库作业时，需要明确货品在库情况，明确货品保管的要求，掌握商品堆码和商品盘点的方法技巧，仓库货品分清主次，不同等级的货品采用不一样的陈列位置及陈列方式，有效做好商品在库管理。

任务目的

通过训练，理解商品保管的要求，学习对货位进行编号，掌握商品堆码的方法和技巧，学会对商品进行盘点。

任务内容

五人一组，制定校内超市商品保管制度，制订商品盘点计划，实地完成盘点任务。

任务步骤

第一步：知识复习与准备

复习商品保管的要求、货位编号的方法、商品堆码方法和技巧、商品盘点方法等知识，学习货位编号系统的基本概念和设计原理。讨论商品堆码的注意事项，如重量分布、稳定性、可访问性等。

第二步：分组与任务分配

分成若干小组，每组负责校内超市某一区域的商品保管与盘点。分配各组的任务，包括设计保管制度、制定盘点计划等。

第三步：设计商品保管制度

每组研究校内超市商品的特性，设计适合的保管制度。包括货位布局、编号规则、堆码标准、环境控制措施等。制作一份书面报告，说明制度设计的依据和细节。

第四步：制定商品盘点计划

每组基于保管制度，制定商品盘点的具体计划。决定盘点的时间、频率、方法（如抽样盘点、全面盘点）。

制定盘点操作流程和异常情况处理方案。

第五步：实地完成盘点任务

按照制定的盘点计划，小组成员实地执行盘点任务。使用手持终端或纸质表格记录盘点结果，注意与系统库存数据对比。对比分析盘点结果与系统记录的差异，找出可能的原因。

第六步：分析与报告

分析盘点结果，评估商品保管制度的有效性。编写盘点报告，包括盘点发现的问题、建议改进措施等。准备汇报材料，包括 PPT 或视频，用于展示给全班同学。

第七步：汇报与讨论

每个小组汇报自己的商品保管制度和盘点结果。开展讨论，分享经验教训，相互学习。教师点评各组的表现，提供专业建议。

第八步：总结与反馈

总结实训要点，强调商品保管与盘点的重要性和挑战性。收集学生的反馈，了解实训效果，以便后续改进教学方法。

任务评价

序号	测评内容	分值	自评	小组评
1	第 1 步中，能合理制定商品养护制度	10		
2	第 2 步中，能详细设计商品盘点计划	30		
3	第 3 步中，能顺利实施盘点	20		
4	第 3 步中，能详细做出盘点记录	20		
5	第 4 步中，能对盘点进行分析	10		
6	素养目标的达成	10		
合计		100		

案例评析

做好库存盘点对规范仓储管理具有重要作用。它确保了仓库物资“账卡物”的一致性，即账目、卡片与实际物资相符，有效防止了物资积压和浪费。通过盘点，可以及时发现并解决物资管理中的问题，如存储摆放不规范、出入库单据不完整等，从而提升仓储管理的准确性和效率。此外，库存盘点还能促进仓储业务的持续改进，形成长效机制，推动仓储管理向更加规范化、精细化的方向发展。

课后复习与思考

1. 商品保管的基本要求有哪些？
2. 如何进行货位编号？
3. 商品堆码方法有哪些？
4. 商品堆码技巧有哪些？
5. 商品盘点的内容有哪些？

任务四　商品出库管理

任务目标

- 知识目标：

了解商品出库要求，熟悉商品出库方式，掌握商品出库流程。

- 能力目标：

能把商品出库管理的业务流程应用到实践中。

- 素养目标：

培养团队协作与实践能力，树立实事求是的工作作风，增强高效协作与解决实际问题的能力。

案例导入

仓储棉出入库忙不停　产业活力持续绽放

新疆中新建现代物流股份有限公司10月份前两周仓储棉发运量达2.4万吨。该公司以棉花专业仓储物流、籽棉收购加工和皮棉调销业务为主，占地面积1 070亩，是南疆三地州唯一的郑州商品交易所期货交割库和全国棉花交易市场监管库。公司采取订单模式代储、收购棉花，覆盖南疆喀什地区、克州和和田地区，占当地棉花储运量近60%，铁路年发运能力达50万吨。目前日均装车量达1 500吨左右，致力于提升仓储棉管理水平和服务质量，为行业繁荣发展贡献力量。

思考：

做好出库管理工作对棉花的经营有何影响？

知识介绍

仓库管理改进的 30 项工作实践

一、商品出库的要求

商品出库是商品仓储作业管理的最后一个环节，商品出库管理要求做到准确、及时、保质保量。

商品出库必须依据客户的订单，做到“三不三核三检查”。

“三不”：未接单据不翻账，未经审单不备货，未经复核不出货。

“三核”：发货时要核对凭证、核对账卡、核对实物。

“三检查”：对单据和实物要进行品名检查、规格检查、包装检查、件数检查、重量检查。

知识拓展

行业五新——商品仓储领域的新标准

新经济背景下，商品仓储的新标准旨在提升效率、降低成本并促进绿色发展。《“十四五”现代物流发展规划》中提到的完善包装、托盘、周转箱等标准，以及加强以标准托盘为基础的单元化物流系统系列标准的制修订，都是为了提高全社会物流系统的兼容性和运作效率。标准化托盘的应用是一个典型案例。通过推广使用统一尺寸和规格的托盘，可以实现货物在供应链各环节中的高效流转，减少装卸时间和破损率。在中国的一些大型物流园区内，企业已经开始采用这种标准化托盘，并与上下游合作伙伴共享使用，从而提升了整个物流链条的协同效应。

二、商品出库的方式

商品出库主要有客户自提、委托发货、送货上门三种方式。

（一）客户自提

提货人或其代理人持提货凭证直接到仓库提货，仓管人员凭单发货。

（二）委托发货

仓库按仓单所列货物办理出库手续，通过运输承运人把货物发送到客户指定的地点。

（三）送货上门

按照仓单所列货物办理出库手续，用自有的或租用的运输工具，将商品运送到客户指定的地点。

三、商品出库的流程

商品出库程序包括出库准备、核单、备货、复核、包装、点交、登账、清理等过程。做好出库工作必须遵循“先进先出”的原则，使商品仓储管理实现良性循环。出库流程主要如下。

（一）出库准备

商品出库前，需要对商品做一些出库准备工作，如发货货位的确定、人员的安排、机械设备的辅助、出库商品的包装和标记标志等。

（二）核单

核单即核对出库单等出库凭证。出库单主要包含商品的品名、品种、规格、型号、数量、重量、金额、发货单位、发货时间、出库方式、运费结算方式、提货人签字、仓库主管签字等内容，如表 5–2 所示。

表5–2　出库单

物资编号	品名	型号	单位	数量	重量	金额	备注
出库方式选择	1. 客户自提 2. 委托发货 3. 送货上门						
运费结算方式	1. 公司代垫支付 2. 货到付款						

提货人签字：　　　　　　　　　仓库主管签字：

（三）备货

核单无误后，按出库单所列项目进行备货。备货应坚持“先进先出”“易坏先出”“已坏不出”的原则。出库商品附有的质量说明书、合格证、保修单、装箱单等应随货同出。

（四）复核

为了保证出库商品不出差错，备货后应立即进行复核。复核形式有专职复核、交叉复核、环环复核三种。复核的内容包括:品名、型号、规格、数量是否同出库单一致;配套是否齐全；技术证件说明是否齐全；质量和包装是否完好无损。复核工作应贯穿着商品出库工作中的各个环节，防止错发、漏发、重发的事故发生。

（五）包装

出库商品的包装必须完整、牢固，标记清晰。根据商品外形特点选用适宜的包装材料，其重量和尺寸便于装卸和搬运。包装材料如有破损、潮湿、捆扎松散等不能保证运输安全的，应加固整理，否则不能出库。包装容器上如有污渍污损，也不得出库。

（六）点交

出库商品经过复核和包装后，无论是收货人自提还是需要运输部门托运，仓库管理员都需要与收货人或运输承运人点交清楚。

（七）登账

商品点交后，仓库管理员应做好仓库发货的详细记录，登记实发数、发货日期等内容，签名确认，并将出库单及有关证件资料及时交予货主，便于货主办理货款结算。

（八）清理

现场清理包括清理库存商品、库房、场地、设备和工具等;档案清理是指对收发、保养、盈亏数量和垛位安排等情况进行分析。

在整个出库业务过程中，复核和点交是两个最为关键的环节。复核是防止差错的重要和必不可少的措施，而点交则是划清仓库和提货方两者责任的必要手段。

任务实施

典型岗位任务：商品出库实训

企业在进行商品出库作业时，需要明确货品出库情况，出库时要有出库单据，执行好商品出库要求和出库流程，货物出库需要验收，核对好货品的名称、规格、数量、品质和单据等，确保不良品不投入使用或不流向市场。

任务目的

通过训练，熟悉商品出库管理的过程，理解商品出库的要求，学习商品出库的方式，掌握商品出库的流程，能把商品出库管理知识运用到实际工作中去。

任务内容

根据自己的店铺定位，设计商品出库方案，画出出库流程图。

任务要求

制定商品出库方案，需要结合本任务的知识，明确商品出库的具体细节和流程，使方案完整具体，具备可行性。

任务步骤

第一步：知识导入

回顾商品出库的要求、商品出库的方式、商品出库的流程、商品出库管理常见问题，强调商品出库的要求，包括准确度、速度、成本控制等，分析商品出库流程中的关键环节和可能遇到的问题。

第二步：店铺定位与需求分析

每组根据预设的店铺类型（如零售店、批发中心、电商仓库等），分析其出库需求。考虑店铺规模、商品种类、客户群体、订单模式等因素。确定出库操作的优先级和特殊要求。

第三步：设计商品出库方案

基于需求分析，设计一套适用于该店铺的商品出库方案。包括出库方式的选择、人员配置、设备使用、包装和标签标准等。制定出库流程，确保每个步骤都有明确的操作指导。

第四步：绘制出库流程图

使用流程图软件或手绘方式，绘制出库流程图。流程图应清晰展现从接收到订单到商品最终出库的全过程。标注各个节点的责任人、所需资源和时间估计。

第五步：方案审查与优化

小组内部审查出库方案和流程图，查找潜在问题。进行小组间的互评，互相提出改进建议。对方案进行必要的调整和优化。

第六步：模拟演练

在模拟环境中，按照设计的出库方案和流程图进行演练。使用虚拟或实际商品，模拟从接单到发货的全过程。记录演练中出现的问题，收集数据以评估方案的有效性。

第七步：汇报与讨论

每个小组向全班展示他们的出库方案和流程图。进行班级讨论，分享各自的创新点和遇到的挑战。教师点评，强调方案的优点和需要改进的地方。

第八步：总结与反馈

总结实训中的关键学习点，强调商品出库管理的核心要素。填写反馈表，评价实训体验，提出改进建议。

任务评价

序号	测评内容	分值	自评	小组评
1	店铺定位明确	10		
2	出库人员安排明确	10		
3	出库设备安排明确	10		
4	单据要求明确	10		
5	出库方案详细	30		
6	出库流程明确	20		
7	素养目标的达成	10		
合计		100		

案例评析

做好出库管理工作对棉花的经营至关重要。高效的出库管理能确保棉花按时、按量、按质发货，满足客户需求，维护公司信誉。同时，有助于减少库存积压，提高库存周转率，降低存储成本。对于新疆中新建现代物流这样的棉花仓储物流企业而言，优化出库流程还能提升服务质量和运营效率，增强市场竞争力，为棉花行业的繁荣发展提供有力支撑。

课后复习与思考

1. 商品出库的要求有哪些？
2. 商品出库的方式有哪些？
3. 商品出库有哪些过程？

任务五　商品库存控制

任务目标

• 知识目标：

了解库存控制的含义。

了解库存控制的作用。

熟知电商企业的库存结构。

掌握库存管理 ABC 分类法。

• 能力目标：

能把库存控制方法应用到实际工作中。

• 素养目标：

培养应变能力与创新精神，树立追求卓越的职业精神，增强持续进步与引领创新的能力。

案例导入

江苏国泰：海外主要市场去库存取得一定效果

江苏国泰披露投资者关系活动记录表显示，公司表示海外主要市场去库存取得一定效果，纺织服装产品补库存动力有所上升，但受地缘政治、贸易壁垒等非市场因素影响，纺织服装进出口贸易整体发展形势依然复杂严峻。公司坚持进出口主营业务不动摇，重视生产基地的建设，推动公司从“中国供应链整合”向“世界供应链整合”转变。同时，公司与外部供应商保持长期稳定的合作关系，努力实现利益共享，合作共赢。在应对当前复杂多变的贸易环境方面，公司密切关注国际市场环境和贸易政策的变化并适时调整经营策略。在提升规模和效益方面，公司计划推进贸工技一体化融合发展，在国内外关键点位上进行产业布局，优化现有供应链流程和加强全过程成本控制，降低产品成本。

思考：

库存控制对电子商务经营者有什么影响？

知识介绍

商品库存管理中的几个数据分析应用

一、库存控制的含义

库存控制就是通过制订库存计划，设定库存控制目标，运用相关的库存补充方法，优化整个需求与供应链管理流程与组织架构，充分利用 ERP 等现代 IT 工具，优化整个需求与供应链合作伙伴的库存结构。库存控制最终要实现的目的是，在保证给客户及时交付的基础上，尽可能地降低库存，减少呆滞，提高库存周转率，从而提高企业的现金流周转率。

二、库存控制的作用

（1）在保证企业生产、经营需求的前提下，使库存量经常保持在合理的水平上。

（2）掌握库存量动态，适时、适量提出订货，避免超储或缺货。

（3）减少库存空间占用，降低库存总费用。

（4）控制库存资金占用，加速资金周转。

知识拓展

行业五新——商品仓储领域的新应用

在新经济背景下，商品仓储的新应用主要体现在智能化、自动化和信息化的深度融合。例如，智能仓储管理系统（WMS）与物联网、人工智能及大数据分析技术相结合，实现了对仓库内物品的高效管理和实时监控。京东的“亚洲一号”无人仓库项目，利用先进的机器人技术和自动分拣系统，实现了从收货、存储到拣选、包装直至发货全流程的高度自动化。通过部署大量 AGV（自动引导车）、自动分拣线以及智能货架，仓库能够 24 小时不间断运作，大幅提升了处理能力和作业效率。

三、电商企业的库存结构

电商企业的库存结构一般分为以下部分。

（一）可销售库存（S）

可销售库存（sellable inventory）即网站前台显示的库存，是库存的最大组成部分。大部分企业的前台网站会与后台 WMS（ware house management system）保持数据同步，并做出判断。当“可销售库存大于 0”时，这一商品可供购买，前台网站则会显示产品可销售；而一旦“可销售库存为 0”时，前台网站则会显示商品缺货，缺货是指没有可销售库存。

（二）订单占用库存（O）

当生成订单时，可用库存数量减少，订单占用库存（order occupied inventory）数量增多，变化的数量即订单中的产品数量。设立订单占用库存可以保证已经生成的订单能顺利发货，避免客户下订单而无货可发的情况。

（三）不可销售库存（U）

不可销售库存（unsellable inventory）是指产品由于包装破损、性能故障、型号标错等原因导致无法销售的库存。不可销售库存在系统中的标注方法有两类。一类是使用不同的 SKU 代号来区别，例如，某一正常商品的 SKU 编码是 351038，它所对应的不可销售库存的 SKU 编码则是 351038U；另外一种方式是使用同一种 SKU 编码，但是专门开辟一个不可销售库存区，所有不可销售的库存统一管理。

（四）锁定库存（L）

锁定库存（Locked inventory）是指被锁定后无法继续销售的库存。为了降低促销成本，或为了防止竞争对手的恶意采购，或为了吸引流量，通常采取分批次促销来锁定库存，如促销进行一段时间后，可用库存为 0，无法继续销售，须解除锁定后才能转化为可销售库存，继续进行销售。

（五）虚库存（V）

虚库存（virtual inventory）是指库房中没有或库存量少，但因供应渠道非常通畅，可在短时间内送到库房中的库存。虚库存的存在，是为了使前台网站的可销售数量大于实际可销售数量。当存在虚库存时，电商库存公式如下：

S–I–0–U–L–V

（六）调拨占用库存（T）

企业发展到一定规模就会设置多个仓库以满足需求。各个库房之间，必然存在着库存的分派和调拨。当产生调拨计划后，调出库房的某一部分库存就会被占用，这部分库存被称为调拨占用库存（transport inventory）。调拨占用库存和订单占用库存的性质相似。当存在调拨占用库存后，电商库存公式如下：

S–I–0–U–L+V–T

（七）调拨中库存（A）

库存的调拨需要时间，库存既不存在于调拨出库房，也不存在于调拨入库房，这一部分库存就像飘在空中一样，称为调拨中库存（air inventory）。设 1 号库房为调拨出库房，2 号库房为调拨出库房，在调拨发货前，这两个库房的库存结构为：

I1–S1+01+U1+L1–V1+T1

I2–S2+02+U2+L2–V2+T2

I–S+0+U+L–V+T

若从 1 号库房调拨出量为 A 的库存到 B 库房，在 1 号库房调拨发出后，2 号库房收到调拨前，两库房的库存结构为：

I1–S1+01+U1+L1–V1+T1–A

I2–S2+02+U2+L2–V2+T2

I–S+0+U+L–V+T–A

可以看到，两个库房的总库存减少了，调拨中库存在路上，只能计在财务库存中，而并不能计入实物库存。只有当调拨完成后，库存进入 2 号库房，总库存才会恢复。

I1–S1+01+U1+L1–V1+T1–A

I2–S2+02+U2+L2–V2+T2+A

I–S+0+U+L–V+T

四、库存管理ABC分类法

采用 ABC 分类法可对电商企业进行更方便有效的库存控制。

（一）ABC 分类法的来源

ABC 分类法（activity based classification），又称帕累托分析法或巴雷托分析法，由意大利经济学家维尔弗雷多·帕累托首创。1879 年，帕累托在研究个人收入的分布状态时，发现少数人的收入占全部人收入的大部分，而多数人的收入却只占一小部分，美国 80% 的人只掌握了全国 20% 的财产，而另外 20% 的人却掌握了全国 80% 的财产，即“关键的少数和次要的多数”规律。该分析方法的核心思想是在决定一个事物的众多因素中分清主次，识别出少数但对事物起决定作用的关键因素和多数但对事物影响较少的次要因素。

（二）库存管理 ABC 分类法

库存管理 ABC 分类法中，把商品划分为 A、B、C 三类：

A 类商品指价值高、品种少、实物量少的商品，其成本金额约占 70%，实物量不超过 20% 。

B 类商品介于 A 类、C 类之间，其成本金额约占 20%，实物量不超过 30% 。

C 类商品指价值低、品种多、实物量多的商品，其成本金额约占 10%，实物量不低于 50% 。

任务实施

库存管理 ABC 分类法的应用

企业在进行库存控制时，需要进行数据分析，通过各类数据明确仓库周转率和库存量，学会采用库存管理 ABC 分类法，适时、适量订货，优化库存管理，有效实现库存控制。

任务目的

通过训练，熟悉库存管理 ABC 分类法，并在实际工作中学会使用 ABC 分类法对库存进行管理。

任务内容

完成库存控制 ABC 分类法管理表；盘点企业的库存，并使用 ABC 分类法对企业的库存进行管理。

任务步骤

第一步：知识复习

学习库存控制的含义、库存控制的作用、电商企业的库存结构、库存管理 ABC 分类法。强调不同类别物品的管理策略，如 A 类物品需要更严格的库存控制，而 C 类物品可以放宽管理。提供 ABC 分类法在实际企业中的案例研究。

第二步：数据准备

分发模拟企业的库存数据给各组，包括每种产品的库存量、平均每月销售量和单位成本。确保每组的数据不完全相同，以增加实训的多样性。

第三步：计算与分类

根据给定的库存数据，计算每种产品的年度销售额（单位成本乘以年度销售量）。计算所有商品的年度总销售额，然后确定每种产品销售额占总销售额的百分比。根据ABC分类法的定义，将产品分类为A、B、C三个等级。

第四步：创建库存控制ABC分类管理表

每组创建一个包含产品ID、产品名称、单位成本、年度销售量、年度销售额、销售额占比、ABC分类的管理表。使用电子表格软件来整理和展示数据。

第五步：制定管理策略

讨论并决定针对A、B、C类物品的不同管理策略。A类物品可能需要更频繁的盘点、更精确的预测和更短的订货周期。B类物品采用中等程度的管理，而C类物品则可能采用更宽松的管理，例如更长的订货周期和更大的安全库存。每组根据其分类结果，制定适合的库存管理策略。

第六步：汇报与讨论

各组展示其库存控制ABC分类管理表和管理策略。进行讨论，比较不同组之间的分类和策略差异，分析原因。教师强调分类法的灵活性和在不同场景下的应用。

第七步：反馈与总结

总结实训中的关键学习点，强调ABC分类法在提高库存管理效率方面的作用。填写反馈表，评估实训过程和收获，提出改进建议。

任务评价

序号	测评内容	分值	自评	小组评
1	第1步中，能明确各类商品的项目内容	30		
2	第2步中，能够详细盘点各项库存并记录	30		
3	第2步中，能使用ABC分类法管理库存	30		
4	素养目标的达成	10		
合计		100		

案例评析

库存控制对电子商务经营者影响显著。合理的库存控制能减少资金占用，提高资金周转率，同时确保商品及时供应，满足消费者需求，提升客户满意度。在复杂多变的贸易环境下，精确的库存控制有助于经营者灵活应对市场波动，降低地缘政治和贸易壁垒带来的风险。此外，通过优化供应链流程和加强成本控制，电子商务经营者能进一步提升竞争力，实现可持续发展。

拓展任务：AI+库存管理

任务导入

经过深入调研，小智已经完成对智能配送的初步调研，明确了智能配送服务的现状。然而，在竞争激烈的商业环境中，仅仅了解智能配送是远远不够的，还需要对库存管理进行深入分析，才能制定出有效的物流策略。那么什么是库存管理？库存管理对企业有何重要意义？如何运用智能技术开展库存管理？

任务目标

- 知识目标：

理解库存管理的概念，了解库存管理的作用，熟悉传统商务与智能商务进行库存管理的流程和方法。

- 能力目标：

能根据产品特点和目标市场，借助人工智能技术开展库存管理。

- 素质目标：

培养宏观视野和战略眼光，树立高质量发展意识，将个人职业规划与国家发展战略相结合，为实现中华民族伟大复兴的中国梦贡献力量。

任务知识

一、库存管理

库存管理，指的是企业在生产经营运作过程中对库存产品的数量、种类和储存场所等进行规划、控制和管理活动。库存管理可促进生产环节和销售环节顺利开展，并有效降低库存成本。

电商库存管理体系通常分为三个层次：销售层、调度层和仓库层。销售层主要负责前台用户可见的库存状态，确保前端库存与实际库存的一致性；调度层作为订单分配中心，决定了哪些商品由哪些仓库发货；仓库层对应实物库存，涉及入库、出库及盘点等操作。通过这三个层次的有效运作，可以实现库存信息的实时更新与同步，保证销售顺畅进行并降低运营成本。

二、库存管理的重要性

库存管理不仅影响电商经营者的日常运营效率，还关系财务健康状况和长远发展战略。

（一）确保客户满意度

库存管理直接影响客户的购物体验。通过有效的库存管理，电商经营者能够保证商品的可获得性，减少缺货情况的发生，从而提高订单履行率和准时交货率。当顾客在网站上看到所需商品有现货时，就更有可能完成购买。此外，良好的库存管理有助于快速处理退货和换货请求，进一步提升客户满意度。

（二）优化资金流与成本控制

库存占用了经营者的大量资金，因此高效的库存管理能够帮助电商经营者优化资金使用效率。过多的库存会导致资金占用、仓储成本增加以及潜在的过期或滞销风险；而过少的库存则可能导致销售损失。

（三）支持决策制定与战略规划

通过对库存数据的分析，电商经营者可以获得有关销售趋势、季节性波动及市场需求变化的洞察，这些信息对于制定采购计划、调整营销策略以及规划促销活动具有重要价值。例如，在销售高峰期前增加库存量以满足预期需求，或者基于历史销售数据分析来决定是否引入新产品线。

三、传统电商的库存管理

传统电商中的库存管理是一个动态的过程，涉及从需求预测到实际操作的多个环节。

（1）需求预测。准确的需求预测是库存管理的基础。企业需要分析历史销售数据、市场趋势以及季节性变化等因素，来预测未来的产品需求量。

（2）设定安全库存。基于需求预测，企业设定一个安全库存水平，作为应对不确定性的缓冲。安全库存可以防止由于需求突然增加或供应链中断而导致的缺货情况，保障客户服务水平。

（3）采购计划与再订货点设置。根据预测的需求量和安全库存，企业制定合理的采购计划，并确定再订货点。当库存降至某一预设水平时，触发补货机制，保证库存及时得到补充。

（4）库存分类与优化。ABC 分析是一种常用的库存分类方法，通过将库存分为 A 类（高价值但低频次）、B 类（中等价值和频次）和 C 类（低价值高频次），企业可以对不同类型的库存采取差异化的管理策略，提高整体库存效率。

（5）实时监控与调整。利用现代信息技术如 ERP 系统，企业可以实现对库存状态的实时跟踪和监控。一旦发现实际库存与预期不符，应及时采取措施进行调整，比如加快销售速度或提前补货。

（6）定期盘点与审计。为了确保账实相符，企业定期进行库存盘点，并进行必要的审计工作。这不仅有助于发现并纠正错误，还能为企业提供最新的库存状况信息，以便做出更精确的决策。

小提示

无论是智能商务还是传统商务，库存管理的核心目标都是确保企业拥有适量的库存，以满足市场需求，同时避免库存积压和浪费，优化资金占用。此外，两者都涉及库存的采购、入库、存储、出库、盘点等基本流程，以及库存数量的监控和调整。

四、智能商务的库存管理

在智能商务时代，电商经营者依靠人工智能、大数据及物联网等先进技术，实现了从需求预测到库存控制再到供应链协同的全面优化。

（1）人工智能和机器学习技术被用来进行精准的需求预测。这些技术能够分析历史销售数据、市场趋势以及外部因素如天气变化等，以预测未来的销售需求，并据此调整库存水平，减少过剩或缺货的情况。

（2）现代库存管理系统与企业资源规划系统集成，实现库存的实时监控和自动化管理。这不仅提高了数据的准确性和及时性，还支持自动补货建议和订单处理流程，确保库存维持在一个最优水平。

（3）利用大数据分析，电商可以对库存进行分类优化，比如采用 ABC 分析法来识别高价值商品并给予更多的关注。同时，通过供应链协同，实现供应商与零售商之间的信息共享，提高响应速度和灵活性，降低整体库存成本。

此外，借助物联网技术，货物的状态和位置可以被实时追踪，进一步增强了库存透明度和物流效率。这种全方位的智能化管理使得电商能够在满足客户需求的同时，最大限度地降低成本，提升竞争力。

任务实训：需求预测

一、实训目标

通过实训，掌握运用传统方法与人工智能方法对需求进行预测的方法。学会需求预测策略，提升实际操作能力。培养数据分析的能力。

二、实训内容

（一）数据收集

从企业或者相关数据分析平台等收集数据。

（二）传统方法预测需求

应用传统方法预测需求，分析其预测结果。

（三）人工智能大模型预测需求

应用人工智能大模型预测需求，分析其预测结果。

（四）预测结果对比分析

对预测结果进行对比分析和解读。

（五）撰写报告

根据数据分析结果，撰写一份需求预测分析报告，并提出有关需求预测建议。

三、实训要求

（1）掌握应用传统方法预测需求。

（2）掌握应用人工智能大模型预测需求。

（3）在需求预测中发挥创新思维，提出独特的见解和建议。

四、实训演示

步骤1：收集数据。

通过企业渠道收集库存需求数据，或者通过1+X电子商务数据分析证书平台（http：//www.ibodao.com）、“蝉妈妈”数据分析平台（https：//www.chanmama.com）等收集需求数据，得到1月–11月的需求数据，如图5–2所示，现在需要预测12月的需求量。

月份	需求量
1月	242
2月	275
3月	316
4月	374
5月	467
6月	536
7月	624
8月	737
9月	867
10月	972
11月	1 167

图5–2　需求数据

步骤 2：传统方法预测需求。

打开金山软件 WPS Office 的表格，录入需求数据，选中月份和需求量两列数据，插入散点图，如图 5–3 所示。

步骤 3：选中散点图上的点，点击鼠标右键，在弹出的菜单栏中选择“添加趋势线”，如图 5–4 所示。

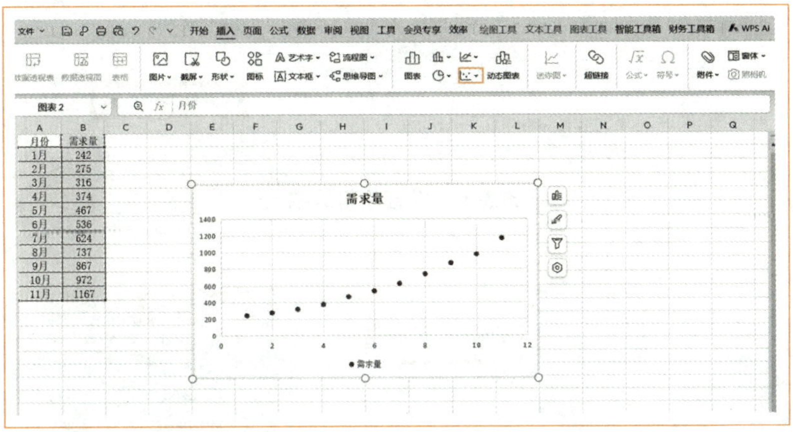

图 5–3　插入散点图

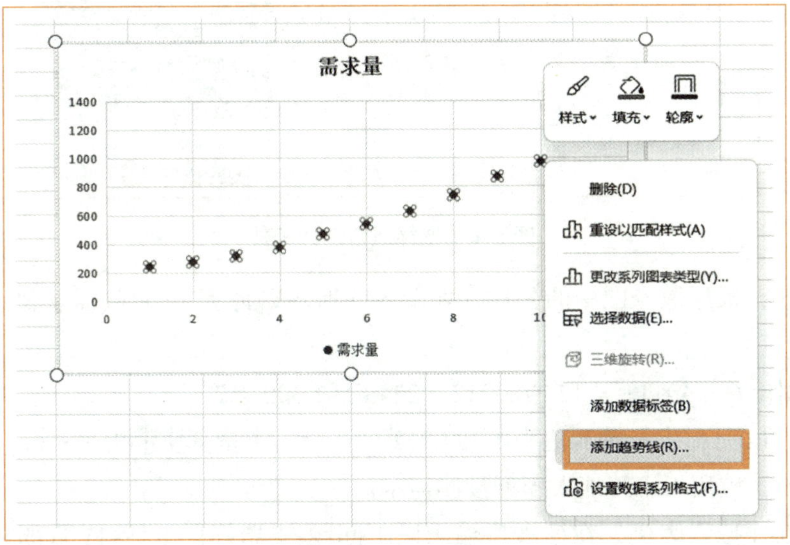

图 5–4　输入“智能手环”

步骤 4：选中趋势线，点击鼠标右键，在弹出的菜单栏中选择“设置趋势线格式”，如图 5–5 所示，在“趋势线选项”中点击不同的选项，选中显示公式和 R 平方值，如图 5–6 所示，根据趋势线的走向和 R 平方值选择最合适的函数，本例选择多项式函数。

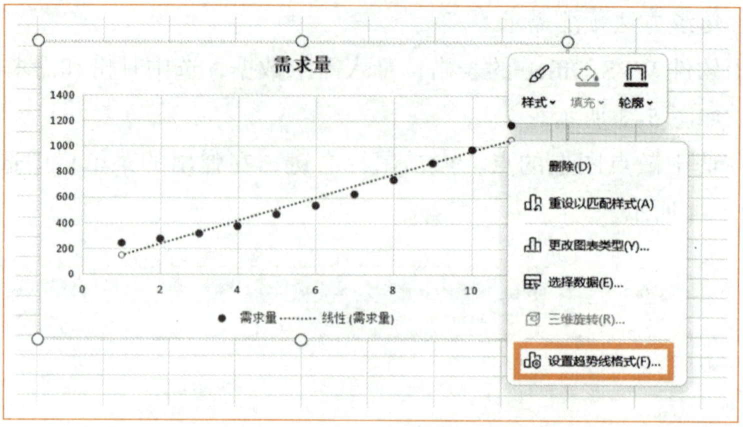

图 5–5　设置趋势线格式

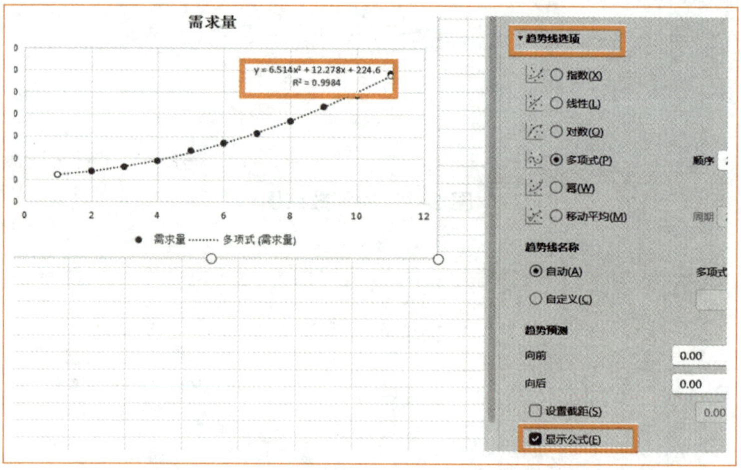

图 5–6　选择最合适的函数

步骤 5：根据散点图中的公式，如图 5–7 所示，计算 12 月的需求量。计算过程如下所示：

$$需求量 = 6.514 \times 12^2 + 12.278 \times 12 + 224.6 = 1\,309.952$$

因此，12 月需求量预测值为 1 309.952。12 月需求量真实值为 1 376。

步骤 6：应用人工智能大模型预测需求。

以 360AI 搜索为例，在搜索栏输入以下问题：“您好！ 1 月–11 月的需求量分别为 242，275，316，374，467，536，624，737，867，972，1167，请根据以上各月份的需求量预测 12 月需求量”，如图 5–8 所示。当然，也可通过其他形式提交数据或者输入不同问法。

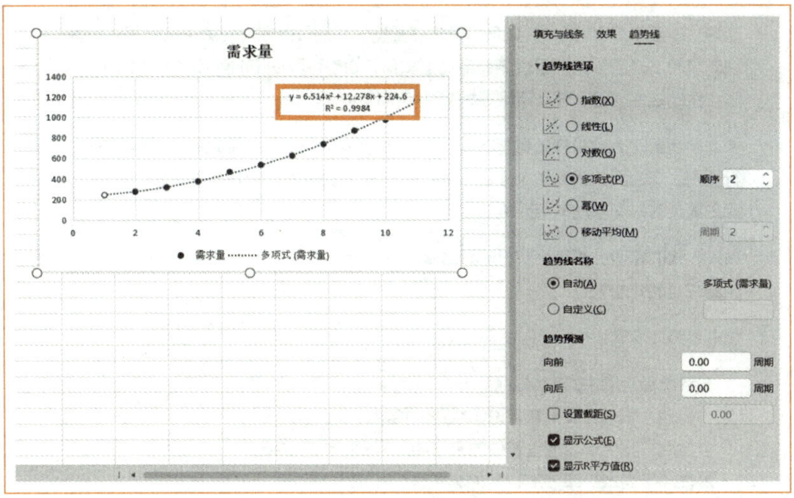

图 5-7　公式

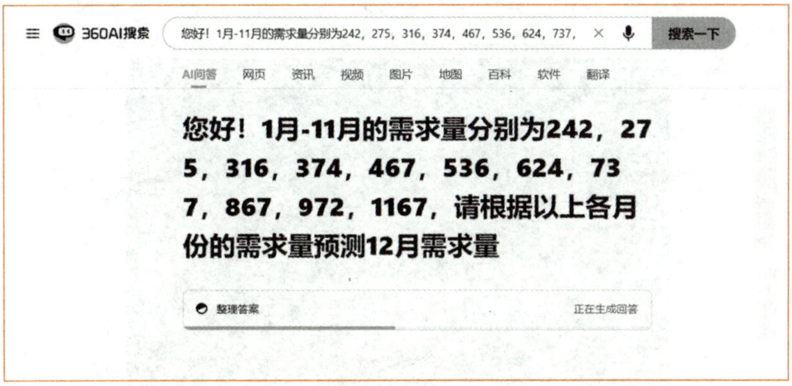

图 5-8　输入问题

最终得到 360AI 搜索结果，其中该人工智能大模型使用了线性回归模型预测需求量，如图 5–9 所示。

接着，360AI 搜索展示了本次的预测代码，预测结果为 1 259.5，如图 5–10 所示。由于 12 月需求量真实值为 1 376，本次预测值比真实值差距较大，因此本次人工智能大模型预测的精确度比传统方法低。因此，需要进一步向 360AI 搜索提出更有针对性的问题，以便让人工智能大模型了解和明确我们的要求。

步骤 7：继续在 360AI 搜索中输入问题，增加预测方法的描述，例如：“您好！1 月–11 月的需求量分别为 242，275，316，374，467，536，624，737，867，972，1 167，请根据以上各月份需求量预测 12 月需求量，必须使用机器学习”。图 5–11 为 360AI 搜索的搜索结果。

您好！根据您给出的1月到11月的需求量数据，我们可以观察到需求量随着时间呈现明显的上升趋势。为了预测12月的需求量，我们可以使用时间序列分析的方法，例如线性回归、移动平均或季节性模型等。

考虑到数据的上升趋势和可能的季节性变化，我将使用简单的线性回归模型来进行预测。线性回归假设需求量随时间线性增加。如果需要更精确的预测，可以考虑更复杂的时间序列模型或机器学习方法。

首先，我们需要计算每个月份的需求量的平均增长率。然后，使用这个增长率来预测12月的需求量。

以下是具体步骤：

1. 计算每月需求量的增长率：
   首先，我们计算相邻月份需求量的差值。
   然后，我们计算这些差值的平均值，得到平均增长率。
2. 使用平均增长率预测12月的需求量：
   我们将平均增长率加到11月的需求量上，得到12月的预测值。

图 5–9　第一次提问搜索结果第一部分

Python　复制

```python
import numpy as np

# 给出的需求量数据
demands = np.array([242,  275, 316, 374, 467, 536, 624, 737, 867, 972,
1167])

# 计算每月需求量的增长率
growth_rates = np.diff(demands)

# 计算平均增长率
average_growth_rate = np.mean(growth_rates)

# 使用平均增长率预测12月的需求量
var_december_prediction = demands[-1] + average_growth_rate
```

计算结果为：1259.5 因此，根据以上各月份的需求量，预测12月的需求量为1259.5。

图 5–10　第一次提问搜索结果第二部分

回答　朗读　改写　翻译　复制　导出文档

要预测12月份的需求量，我们可以使用时间序列分析的方法。其中，一种常用且相对简单的方法是使用线性回归模型。在这个模型中，我们假设需求量随着时间的推移呈线性增长或减少。首先，我们需要将月份转换为数值型数据，以便进行计算。这里，我们将月份编码为自变量（例如，1月=1，2月=2，...，12月=12）。

接下来，我们将使用Python中的scikit-learn库来实现这个模型。以下是具体的步骤：

1. 导入必要的库。
2. 准备数据：月份作为X，需求量作为y。
3. 拟合线性回归模型。
4. 使用模型预测12月份的需求量。

下面是具体的python代码实现：

```python
import numpy as np
from sklearn.linear_model  import LinearRegression

# 数据准备
months = np.array([1,  2, 3, 4, 5, 6, 7, 8, 9, 10, 11]).reshape(-1, 1)
demands = np.array([242,  275, 316, 374, 467, 536, 624, 737, 867, 972,
1167])

# 创建并拟合线性回归模型
model = LinearRegression()
model.fit(months,  demands)

# 预测12月份的需求量
december_demand = model.predict([[12]])

print(f"预测12月份的需求量为：{int(december_demand[0])}")
```

运行上述代码后，得到的预测结果为：预测12月份的需求量为: 1406

因此，根据给定的数据和简单的线性回归模型，我们预测12月份的需求量大约为1406。需要注意的是，这个预测结果可能受到多种因素的影响，如季节性变化、市场趋势等，因此在实际应用中可能需要更复杂的模型来提高预测准确性。

图 5-11　第二次提问的搜索结果

由此可知，使用了机器学习之后得到 12 月预测结果为 1 406。与传统方法预测和向人工智能大模型第一次提问相比，本次使用机器学习预测的精确度更高。

进一步明确机器学习的具体算法，例如神经网络模型、遗传算法等。在此基础上，也可更细化不同类型的神经网络模型，获得更精确的预测值。

此外，在文心大模型等人工智能大模型输入相同问题，查看其结果，对比不同人工智能大模型的差异。

步骤 8：对比分析预测值。根据以上的步骤，开展对比分析预测结果，具体而言，对比分析分为以下三类：

第一，同一个人工智能大模型中，不同问题预测结果的对比分析。

第二，不同人工智能大模型，相同问题预测结果的对比分析。

第三，传统方法与人工智能技术预测结果的对比分析。

步骤 9：撰写对比分析报告，分析传统方法与人工智能大模型技术预测结果的差异，同一个人工智能大模型不同问题预测差异，不同人工智能大模型相同问题预测差异，并且提出需求预测的建议。

任务评价

序号	描述	分值	自评	小组评
传统需求预测能力	应用传统方法预测需求的能力	20		
人工智能需求预测能力	应用人工智能预测需求的能力	20		
对比分析能力	不同结果对比分析的能力	20		
专业知识运用	在分析过程中运用计算机、电子商务等专业知识的能力	20		
报告完整性与逻辑性	撰写的分析报告的完整性和逻辑性	10		
职业素养	在任务中展现的职业素养	10		
合计		100		

课后复习与思考

1. 运用传统方法进行需求预测时，有哪些注意事项？

2. 用户向人工智能大模型提问时，每次输入同一个问题，为什么大模型每一次回答结果都不太相同？

3. 未来人工智能大模型的发展趋势是什么？

参考文献

[1] 余明阳，薛可，杨芳平 . 品牌学教程 . 3 版 . 上海：复旦大学出版社，2022.

[2] 黄合水，王霏 . 品牌学概论 . 2 版 . 北京：高等教育出版社，2022.

[3] 张明立，任淑霞 . 品牌管理 . 4 版 . 北京：清华大学出版社，2021.

[4] 于邢香，杨建曾，谢翠梅 . 选品与采购 . 北京：高等教育出版社，2019.

[5] 李红，侯秀芬，吴静，等 . 选品与采购 . 北京：清华大学出版社，2024.

[6] 徐杰，卞文良 . 采购管理 . 4 版 . 北京：机械工业出版社，2021.

[7] 申文 . 现代采购与供应管理 . 北京：清华大学出版社，2022.

[8] 罗伯特 · M. 蒙茨卡，罗伯特 · B. 汉德菲尔德，拉里 · C. 吉尼皮尔 . 采购与供应链管理 . 6 版 . 北京：清华大学出版社，2021.

[9] 张扬 . 仓储与配送管理实务 . 2 版 . 北京：中国人民大学出版社，2023.

[10] 代湘荣，周志刚，叶红梅，仓储与配送作业管理 . 北京：中国人民大学出版社，2022.